船曳建夫
東京大学名誉教授・文化人類学者

歌舞伎に行こう!

手とり足とり、初めから

海竜社

【第二幕】来月、行くことになった

【序幕】生きているのが少し楽しくなる

「歌舞伎を一度は見なくちゃ」、とか、「死ぬまでには見ておかないと」、と言う人がいる。そういう方のために書こうと思う。いや、別に見なくてもいいし、今生《こんじょう》の思い出に、というほどのものではないのだが、歌舞伎を見ると、生きているのが少し楽しくなるかもしれないからすすめたい。

「かもしれない」、というのは、合う人と合わない人がいるので、それは、たとえばタカラヅカだって同じで、必ず合うとは断言出来ないからだ。

ただ歌舞伎はタカラヅカと違って、合わないとしても、普通の人に、「日本人として」見てないのはまずいかもしれない、と思わせる何かがある。この「義務感」みたいなもの、それが「見なくちゃ」、と思わせているのだが、同時に、人を歌舞伎から遠ざけている理由でもある。その義務感から解放し、なおかつ、合わない人にも、歌舞伎がいかに楽しいか、をこの本ではお話ししたい。

義務感はどこから来るか、それは「日本の古典」だと聞いているからである。日本人なら知らなければいけない、そんな気がする。ところが、「古典」というものは、ときどき知っているフリをしたりするが、実はよく知らない。

そんな自分の実態が分かっているので、見てないことはちょっとつらい。早めに一度見ておいて、歌舞伎の話が出たときにも、落ち着いた気分になりたいし、「あれって見てみると、細かいところまでは分からなかったけど、案外気持ちに響くね」と謙遜と自慢をまとめてしてしまいたい…のに見てないのが、つらい。

こういう思いや悩みはすべて、心のエネルギーの無駄遣いである。そんなものなしにするため、歌舞伎見物の仕方を、手とり足とり、初めから話そうと思う。といっても、「歌舞伎は一六〇三年、出雲《いずも》の阿国《おくに》が」、とかは始めない。そうした「古典」入門書によくある、「講釈」がいけない。そういうのは、門の前の番人が、「入れ」と言いながら怖い顔をしているようなもので、招かれているのか、追い返されているのか分からない。

釣りがしたいと言っている人に、釣りの歴史から始めるのはおかしいだろう。まずは船に乗せて、海原の気持ちのよさと、魚がかかったときの興奮を味わうところから始めなければならない。

ということで、歌舞伎の歴史や、僕の昔話はおいおいするとして、まずは、歌舞伎に行こう！

【第一幕】

歌舞伎を一度は見なくては

歌舞伎を見に行くきっかけ

◇なぜ「歌舞伎を一度は見なくちゃ」と思いながら見ていないのか

歌舞伎を一度は見なくてはと思ったのはどうしてか。たぶん、日本の古典だから、とはすでに書いた。何しろ、ときどき話題になるたびに、見てないのが気にかかっている。いや、「若いときに一度見たんだが」とか嘘さえついてしまっているかもしれない。そんな気にしなくてもよいはずなのに、そう思わせる歌舞伎って凄《すご》い。

しかし、本人が凄いと感心しているのだったら、もうすでに見ているはずだ。人生三十年とか五十年とたって、いまだに見ていないのは、理由は二つだ。分からなくてつまらないのではないかという不安と、どうやって見に行くのか、方法を知らないからだ。

分からなくてつまらないかもしれない、というのは、半分当たっている。その可能性は大いにある。しかし、切符を買って、一度見れば、何しろ必要なときに、「ああ、一度見たことあるよ」と言えるのだから、つまらなくてもいいではないか。この本で、なるべくつまらなくならないよう、方法を伝授するので、がまんしてでも一度だけ見ることをおすすめする（僕自身は、見れば誰だって少しは面白いのに、と内心思っているけれど、それはまだ言わないことにする）。

では、人が歌舞伎を見に行こうか、と思ったりするきっかけは何だろう。二十一世紀のいまだったら、それは二つに分かれる。

一つはやはり、学校で「古典」として学んだから。その後、ときおり、テレビで見かける、新聞に出ている、人がその話をしている、歌舞伎はユネスコの「無形文化遺産」にも登録された。ますます見なければいけないような気がする。しかし、学校がすすめるもので面白かった試しはない。だから、行きたくない、行かない。

そこには男女の違いも出てきそうだ。たとえば中年過ぎた日本人男子は、どうもメルヘンだの、フィクションだのに、心をまかせたがらなくなっている。よく言えばリアリスト、悪く言えば感情が硬直している。生まれながらの人による違いもあるかもしれないが。

世の中がSF好きとミステリー好きと別れるように、男の子は昆虫採集、女の子は着せ替え人形、くらいの違いとして、かつて演劇というものが舞台の上の偽物だと思えて気が入らない、と、あの養老孟司《ようろうたけし》さんに言われたことがある。確かに、歌舞伎でもタカラヅカでも、行けば客席の男女の比率は、前者で二対八、後者で一対九。そこには、男は昼間からそんなもの見てられないのだという社会的な理由はあるかもしれないが、生物学的な性向の違いもあるだろうと思う。だからこそか、「歌舞伎を一度は見なくちゃ」と思っている人には男のほうが多そうだが、この本では男女の別は問わず、「一度は見なくちゃ」だけに焦点を合わせて話を進める。

◇歌舞伎役者の広報戦略――スキャンダルはつきもの

もう一つの歌舞伎を見に行くきっかけは、歌舞伎役者の噂《うわさ》を聞いて、である。歌舞伎役者がテレビや映画に、時代劇ではなく現代劇で出ていたり、インタビュー番組で出ていたり、果ては、週刊誌にスキャンダルが出ていたりして、耳目を集めるとともに人々の好奇心をそそり、人は歌舞伎を見に行くのではなく、歌舞伎役者が出ている舞台を見てみたい、と思ったりする。

スキャンダルを知って、歌舞伎を見ようとするのは邪道か。邪道ではない。ハリウッド映画の魅力の半分がスター個人の人気であるように、歌舞伎の魅力も半分、いやそれ以上に歌舞伎役者のスター的人気に負っているのである。スターは慈善事業も行うが、スキャンダルもまたつきもののように発生する。スキャンダルは常道から外れた事件、として起きるのであって、本来はなくてよいし、ないほうがよい、と思う人がいるかもしれないが、それは間違いである。スター、人気役者は、常人と違ってこそ引力が発揮されるのであって、それが犯罪であると困るが、「やり過ぎ」は、歌舞伎役者、スターの常の姿なのである。

歌舞伎の歴史を江戸時代から見てみれば、役者に「やり過ぎ」、スキャンダルは常のことである。スキャンダルを醜聞《しゅうぶん》と言い換えると、「醜」の字がちょっと気になる。それよりも最近の言葉の「炎上」というニュアンスが近い。みながそのことを「噂」し、収拾がつかなくなる事件をスキャンダル、とすれば、江戸の歌舞伎には、興行の大当たりと大外れ、役者の並外れた収入とそれを幕府に取り締まられて追放、といった「金」にまつわるスキャンダルが、ずっと続いている。「色」にまつわるスキャンダルも、大奥が絡んだ「絵島生島《えじまいくしま》」事件をはじめとしてさまざまある。女性が絡んだ小さな噂だったら、歌舞伎の世界ではよくあることである。そして絵島生島のような大きな事件だったら、それがまた歌舞伎に脚色されて評判を呼んだり、だからまた幕府に睨《にら》まれたり、と歌舞伎のダイナミズムの一つでさえある。

こうした一連の、歌舞伎の世界が起こしてきた、事件なのか、図った宣伝なのか分からない「スキャンダル」は数百年前からの「伝統」と言ってよい。海老蔵《えびぞう》の事件（二〇一〇年）が起きたとき、僕は、好漢自重すべし、あの慈愛あふれる父親と周りに対してそれはないだろう、等々の凡庸な感想を持ったが同時に、むむ、長い歴史の中での歌舞伎の持つ文化的な慣性は、ここにも働いているのか、と唸《うな》ったものだ。そのスキャンダルからの海老蔵の立ち直りの早さにもまた。

歌舞伎役者のこまごまとした噂から、大炎上するほどのスキャンダルまで、大局的に見ればそれは歌舞伎役者の世界、そのムラ（村）が放つ広報戦略であり、それくらいなくては、見に行きたい気分も出ないのである。だから、週刊誌に出ていた人が生《なま》で出演する舞台を見てみたい、と思ったあなたは、江戸以来の正当な歌舞伎好きなのである。

どこに歌舞伎を見に行くか

◇歌舞伎を上演する劇場

歌舞伎はいろいろなところでやっている。歌舞伎をまったく知らない人は、そんな古くさいものは、村はずれの神社のようなさびれたところでやっているのだろう、と思ったりする。集まる人も老人ばかりで。

そんなことはない。どこでも歌舞伎は大都市の真ん中で行われている。東京だったら、東銀座の歌舞伎座。歌舞伎を見ない人も、その建物の前で記念写真を撮っている。観光客がいつも周囲に群れている。皇居の西、隼町《はやぶさちょう》の国立劇場。こちらはさすがに国立だけあって、足の便のよくないところに作って平然としていた。お隣は最高裁判所。普通は行かないところだ。しかし、その後、地下鉄網が整備されて、不便とまでは言えない。周りも中も広々として、その点はいいだろう。何しろ東京のまん中だ。

新橋演舞場《しんばしえんぶじょう》、それは東銀座、歌舞伎座の近くにある。明治座、日本橋浜町にある。東京はこれ以外、浅草公会堂、三越劇場、日生劇場、最近ではシアターコクーン、仮設の小屋で平成中村座、と歌舞伎はあちこちでやっている。

東京以外だと、名古屋の御園座《みその》、京都の南座《みなみ》、大阪の松竹座《しょうちく》、新歌舞伎座、福岡の博多座《はかた》、といったところが一ヶ月の公演を行う、常打《じょうう》ちの小屋だ。これ以外に、歌舞伎役者は巡業で、各地のホールで歌舞伎を行う。

最近、印象的だったのは、六本木にあるEX THEATER ROPPONGIで「六本木歌舞伎」と銘打って公演が行われたことだ。終わってから、六本木ヒルズのバーに行ったら、僕が持っていたパンフレットを見て若いバーテン君が「お客さん、『六本木歌舞伎』ですね、行きたかったんですよ」と向こうから声をかけてきた。歌舞伎は好きなんですか、とのこちらの問いかけに、「いやー、一度は見なくちゃと思ってるんですが」と。

しかし、バーテンの彼がこれまで縁遠かった「歌舞伎」という言葉を、見知らぬ客に発したのは、『六本木歌舞伎』の『地球…宇宙…』という芝居がどんなにくだらないスカスカのものであろうと、「炎上」では名の売れた海老蔵と中村獅童《しどう》が生で出てくることが彼を歌舞伎に近づけたのだ。学校の課外活動で行ったかもしれない「歌舞伎教室」より数段の訴求力《そきゅうりょく》があったのだ。歌舞伎はどこでも大都市の真ん中、と書いたが、かつては歌舞伎が吉原《よしわら》と並ぶエンターテイメントとして江戸の外《はず》れに置かれていたのが、明治以来次第に権威を増して、国立劇場として首都の真ん中（皇居と最高裁のあいだ！）にまで成り上がってしまったいま、再び六本木という盛り場に戻って歌舞伎をする、ということには意味があるのだ、と驚いた。

◇歌舞伎座という社《やしろ》

しかし、最初に見るのは、やはり、歌舞伎座がよい。二〇〇〇人が入る大劇場で、舞台は華やか、オーソドックスな演目をやっているし、そのことが役者に緊張を与え、張り切らせる。相撲を巡業先で見ると気を抜いた遊びになるように、歌舞伎も相撲と同じく本場所、歌舞伎座がよい。そして骨董が最初にレベルの高いものを見ていれば偽物を見分けることが出来るように、六本木で見たあとは、まずは歌舞伎座で、本物から見始めよう。

歌舞伎座は、最近ニュースになった。二〇一〇年から三年をかけて建て替えたからだ。江戸の歌舞伎小屋は、元は大きいのが四座あったが、役者生島新五郎《しんごろう》と大奥の女中絵島とのスキャンダルをきっかけに、幕府によって一つ（山村座《やまむら》）がつぶされ、一七一四年以降、中村座、市村座、森田座の三座が幕府に許され、場所は変われど明治まで続いた。明治以降も、歌舞伎という演劇は、金と人間関係が絡む巨大エンターテイメントだから、多くの役者やスポンサーたちの離合集散、栄枯盛衰いろいろあって、人と金の流れがしだいに統合され、「歌舞伎座」という名の大劇場が一八八九年にいまの東銀座の地（旧木挽町《こびきちょう》）に建ち上がった。それが建て替え、火災、震災、そして戦災による消失を経て、二十一世紀のいまに至った。

その間の歴史で最大の事件は、大正時代に、関西の興行主であった松竹が歌舞伎座を買い取り、その後、東西の役者のほとんどすべてを順次、傘下《さんか》に収めてしまったことだ。松竹の当時のエンタメの世界における腕力は、アメリカだったら、映画資本家がハリウッドのスタジオすべて買い占めたくらいのものだ。

そうした話はまたいずれするとして、歌舞伎座について続けると、面白いのは、最初は外見が洋風だったのが、次第に和風、それも唐破風《からはふ》付きの大屋根になったことだ。しかし、それは日本的な伝統を守って、とか、そういうことではない。そのときどきの庶民の「伝統」感に合わせて、小屋主が「どうだ！」と作っているのであって、その時代にアピールする、という意味ではいつも「現代風」なのだ。

石原慎太郎《いしはらしんたろう》氏が歌舞伎座を「風呂屋みたい」と言ったと伝わっているが、その見立ては間違っていない。だが、オペラ座のような立派な建物を、と彼が考えたところは勘違いである。巨大な銭湯みたいだから面白いのだし、客も集まるのだ。そんな外観が銀座の周辺にどーんと立っているインパクトは、おフランス系の赤坂離宮などのインパクトより格段に上で、いまの日本列島が生んだ独創である。

その歌舞伎座の横に小さな社、歌舞伎稲荷神社が置かれているが、歌舞伎座自体が、神社だと思えばよいところがある。時折お参りするとよいことがあるようなそんな気にさせてくれる。ということで、一度は見なくちゃと思ったら、最初は歌舞伎座に行くことにしよう。幸い、歌舞伎はここ百年の中でもいまが一つの隆盛期で、ほとんど一年中いつでもやっている。東京から遠いところに住んでいる方も、東京に出かけてくるときに合わせればよい。

チケットを手に入れる

◇買うのは簡単、選ぶのが難しい

　歌舞伎座に行こうと書いた時点で、やや、一企業である「松竹」の宣伝めいているが、手とり足とりで歌舞伎に行こう、とすすめるには、そのあたりぼかしていたら話は進まない。そもそも、松竹というある私企業のエンターテイメント部門が、同時に世界の無形文化遺産になっているという状況、これ自体が日本の「古典芸能」のありようとして世界の中で例外的だからだ。誤解されそうだが、私はこの例外的状況を嘆いているのではない。

　歌舞伎のような古典演劇である「文化」が国の補助金なしに、むしろいま現にもうかっているのは、それこそ世界に誇れることだ。だからそんな歌舞伎にとって、世界「遺産」であるかどうかなどは、本来は二の次である。この、歌舞伎が実質的に「松竹」

の独占物のようになっていることなど実に面白いのだが、案外、歌舞伎の専門家はまともには触れようとしない。そのあたりは別に書くとして、いまは先を急ぐ。

以前だと、このチケットを買う、というあたりで、多くの初心者はつまずいてしまっただろう。いまでもそこを詳しく書くと松竹の営業の片棒を担ぐことになるのだが、こんにちでは、インターネットが（ほとんど）誰でも使えることになっている。ま、チケットをどこで買うかは、「歌舞伎、チケット」とでも入力して調べれば済むから、「買う」ことの世話はしない。

ただし、映画のように、歌舞伎座に行って、当日券を窓口で買うというのはよい方法ではない。売り切れだったり、映画と違って、同じ値段でも席の位置によって、楽しさがかなり違う。だから有名アーティストのコンサートと同様、あらかじめ、一ヶ月前くらいには手に入れておこう。「コンサートチケットみたく売れてるの、歌舞伎が？」という声も上がりそうだが、中島みゆきほどではなくても、すぐ売り切れたり、よい席は先にはけてしまう。それより重要なのは、いつ、何を見ればよいのか、という問題だ。

毎月やっているといっても、上演されているのは「歌舞伎」という名のショーではない。たとえば「熊谷陣屋《くまがいじんや》」という、初めての人にはその名前から——熊谷、誰？陣屋って、何？——は何が出てくるのか想像もつかない演目である。「熊谷陣屋」は、最初に見るものとしてはよいのかよくないのか、分かりやすいのか分かりにくいのか、面白いか面白くないか、それは歌舞伎を知らなければ判断出来ないはずだ。この「熊谷陣屋」の場合、正解は、最初に観る歌舞伎としてはよいが、分かりにくい、けれど、人によっては案外分かりやすかったりして面白いかもしれない、である。とは言え、さて、初めての人はどうしたらよい？

歌舞伎座ではいまどんな公演が行われているのか。この本では、「現在」を二〇一五年五月と設定しよう。そこで六月からの演目を歌舞伎座のサイトで見たとする。六月に「天保遊侠録《てんぽうゆうきょうろく》」、「新薄雪物語《しんうすゆきものがたり》」、「夕顔棚《ゆうがおだな》」、七月に「南総里見八犬伝《なんそうさとみはっけんでん》」、「与話《よわ》情浮名横櫛《なさけうきなのよこぐし》」、「蜘蛛絲梓弦《くものいとあずさのゆみはり》」、「一谷嫩軍記《いちのたにふたばぐんき》——熊谷陣屋」「怪談牡丹灯籠《かいだんぼたんどうろう》」……。もうこれは訳が分からない。

だいたいこの漢字の羅列は何だ。歌舞伎のタイトル、というのは、通常、五文字か七文字の、その劇の内容に関わる漢字を使って、あれこれ無理に読み下すことになっているので難しい。それぞれ題名を説明し出すと、切りがない。

「新」薄雪物語、といっても三百年くらい前の作品だし、「天保遊侠録」は、見てみると普通の時代劇風で、作られたのもぐっと新しく、昭和十三年である。この劇の場合は舞台上で言っていることが分からないことはないので、取っつきやすいが、それすら題名からは分からない。

先ほど挙げた熊谷陣屋は初めての歌舞伎として見応えの点ではすすめたいし、「与話情浮名横櫛」は、実はお富《とみ》と切られ与三郎《よさぶろう》という二人が出てきて、「いやさお富、久しぶりだなぁ」という（つい最近までは）有名な台詞《セリフ》のある芝居で初心者向きなのだが、そこまで読み取れるくらいの人だったら、手とり足とりする必要はない。

次いでに二〇一五年後半の歌舞伎まで調べてみると、歌舞伎座ではないが新橋演舞場で「スーパー歌舞伎――ワンピース」とある。あの漫画の「ワンピース」原作で歌舞伎！　歌舞伎の舞台にTシャツ姿、これは取っつきやすいから初めての歌舞伎としてよいのか、やはりよくないのか。このあたりが初めて歌舞伎見物をするときの最大の難問である。

この何を見るかを選ぶあたりで、普通だったら人は混乱をしてきて、歌舞伎を見ようという気をなくす。

◇何を見るか——アドバイス

しかし、ここで歌舞伎を見るのをやめられたら困るので、演目を選ぶための、二つのアドバイスをしようと思う。一つは、やはりネットで演目の内容を調べてほしい。それぞれの芝居が、江戸時代から明治までに作られた「古典歌舞伎」なのか、大正時代以降の「新歌舞伎」なのか、またごく最近の純然たる新作なのかを把握する。歌舞伎座では、普通、昼、夜、それぞれの部で違った演目を三つほど上演する。何年か前までは四つだったのだが、減らしている。僕などは不満だが、四、五時間も劇場に座っているのは多くの人にとっては長過ぎるようで、これは時代に合わせて短縮しているようだ。

その三つのうち、少なくとも一つは「古典」が入っているほうがよい。それから、一つは舞踊が入っていると楽しい。それに加えて、せっかくすべて実演なのだから、何かで知っている役者、先述の「スキャンダル」でも「いい話」でも、どこかで耳にしたことのある役者が出ている、という条件も加味したら、そのほうが興味をつないでくれるだろう。

もう一つのアドバイスは、周りで歌舞伎を知っている人に、「ここ二、三ヶ月の歌舞伎座で、初心者が行っても面白そうな演目をやっているのはいつか」、と訊《たず》ねる。結局これが一番確実である。美味《おい》しい料理店を、食通の人に聞くのと同じである。そういう人が職場や仲間や親戚にいないだろうか。探せば一人くらいいそうな。好きな人は喜んで教えてくれるはずだから、友達の友達でもよい。

もちろん、これらに加えて、本を読む、というのがあるし、テレビで歌舞伎を放映しているのを見る、というのもある。「歌舞伎チャンネル」というのがCS放送であるのだ。第一のアドバイスの補強として、ユーチューブでその演目を見るというのもあるだろう。ただ、たぶん、網羅的にはアップされていないし、されていたとしても、小さな画面で初心者がなじみのない舞台と役者を見ても、ひょっとして、そこでいやになってしまうかもしれない。ああいうユーチューブなどでの鑑賞は、何であれ、好きな人同士が興奮を確かめ合うものだから、それ以外の人は、知らない「名優」の「名演技」を見せられて、むしろ、引いてしまうかもしれない。

何しろ、一度見なくちゃという人には、何としても一度見せなければこの本の役目は果たせないので、あらかじめ、ユーチューブでさほど面白くなくても、生で見たら面白いですよ、と言っておこう。

◇チケット代と連れ

さて、買うには金がいる。歌舞伎座でも一等席、二等席、三階A席、三階B席、それに一幕見《ひとまくみ》席がある。一幕見席を、歌舞伎座のほうは「初めてご覧になるお客様のため」とすすめているが、それは間違っている。三階席のさらに後ろから親指くらいの大きさの役者を見下ろして、面白いと思えるのには年季がいる。まったく観光のつもりで見るのならよいが、それでは本当に、「一度、実物を見た」という、本尊ご開帳参詣になってしまう。

そこで、どの席か。僕が謝ることはないのだが、すみません、チケットは高いのです。一番安い三階B席で四〇〇〇円します。一等席は一万八〇〇〇円。実は一等席の上に、桟敷《さじき》席、という劇場内の一階（と二階にも似たようなものが）、一等席を挟み込むように壁際一列、掘りごたつ風に足を伸ばせるのがあるが、これは二万円で、当面問題外である（ここは見るところではなく、見られるところで、その説明はいずれ）。

あなたが、こうしたことにお金を出すのに何の不自由もなければ、一等席をすすめます。しかし、出せることは出せるけれど、もしかすると、いるあいだ中つまらないかもしれない、と不安を持ちながらの一等席だったら、それは最初の体験として、リスクが大き過ぎる。

おすすめは三階A席である。そこを、チケットが売り出されたらすぐに申し込んで、前から三列目までの席を確保する。なるべくは、舞台に向かって右手のほうの席がよい。いずれ説明する「花道《はなみち》」が舞台に向かって左手にあるので、そこで演技している役者を、角度的に見やすいからだ。しかし、その三階A席でも、六〇〇〇円するのだ。ここは投資と思って買っていただくしかない（この本だけでも出費だったのに）。

これで演目を選んでチケットを手に入れ、あとは行くだけなのだが、ここで小さなアドバイスを付け加えたい。それは、チケットを買う前に、出来たら連れを探すこと。どんな連れか、といえば、歌舞伎に詳しい人という考え方もあるだろう。いろいろ説明してくれる。しかし、これも後に述べるが、歌舞伎座には、世界でもまれな、実況中継イヤホンガイドがあって、どんな連れよりもそのイヤホンガイドの解説者は歌舞伎に詳しいはずだ。

もしかすると、連れはとても親切な人で、ずっと歌舞伎のうんちくを語ってくれるかもしれない。おそらく、初めての人には、それは煩わしい。上演中、横からコソコソ言われるのは恥ずかしいし、周りの迷惑だし、歌舞伎に詳しい人は、演目を選ぶときだけ大いに活用して、見たあとに会って、あれは何だったか復習するときに使うのがよい。

それよりも、同じく「一度見なくちゃ」と思っているような友達や、まさに連れ合い、困難を分かち合うにふさわしい人、劇場内の食事や終わったあとの「飲み」を共にしたい人を連れにして行くことをすすめる。二人で訳が分からなくても珍道中は楽しいし、どちらかが、勘がよくて、幕が下りたあとの話で、「えーっ、あの二人は生き別れた親子だったわけ？　それにしては、娘のほう、年、食ってなかった？」と、とんだ誤解に気づかせてくれるかもしれない。旅も観劇も連れはよいものだ。

【第二幕】来月、行くことになった

歌舞伎座の衣・食・住

◇何を着ていくか

ここでも歌舞伎座に焦点を置いて話を進めるが、つい最近、歌舞伎は初めてではないが、歌舞伎座は初めて、という方に、「やはり、ロビーなどは彼《か》の地のオペラハウスのように華やかなのだろうか」、という質問を受けた。う～ん、彼の地でも、初日とか、特別の公演でなければ、さほどの「上流感」はなくなっているように、そしてその社会変化の様相はやや速度を増しているように、日本では元々そうだったように、外国のオペラ座よりもっと庶民的かな、という気がする。

綺麗な、または高そうな着物の女性を見かけるが、一等席は晴れの衣服でないと行けない、といったことはない。逆に三階が一階よりもっと庶民的、ということもなく、全館、人は普通に「ちょっとお出かけ」、くらいの格好をしてきている。ただ三階は歌舞伎に慣れている人が多いので、着てる服も普段着っぽいかな。

いくつかの特徴としては、たとえば近くの銀座の街頭より、女性の着物率は高い、と思われる。正月などは、それが増す。正月公演、それも三が日に近ければ、着物を着ている人は、男性も含め、客の三割いるかもしれない。役者の奥さんなどが、ごひいきとの社交的連携のためロビーにいることがあるが、彼女たちは、役者の妻という立場もあって、着物を着ている。いや、思い返すと、歌舞伎座で役者の奥さんが洋装でいるところを見たことはない。相撲取りが、外出時は着物着用を義務づけられているように、ここには暗黙のルールがあるようだ。

そこで、われわれ客は、といえば、何を着ていってもよい、というのが結論だ。ただ、少しアドバイスをしたい。観劇時間は、休憩を入れて四時間を超える長丁場である。楽な格好、というのをおすすめしたい。もしくは、まったく逆に、ここ一番気を入れて、いつも着ない和服を着ていく、というのもよいかもしれない。冠婚葬祭でも正月でもなく、いつ着物を着ていってもそれが怪しまれない場所、が、歌舞伎の劇場である。

それ以外、以前は、寒がりの僕には冬など、足元がスースーしたり、多少、暖かめに、ということもあったが、新しい歌舞伎座には、それはない。また、劇場内はとかく、歩くことが多い。トイレや食堂に小走りすることもある。だから履き物は歩きやすいもの、と言いたい。かといってハイキングではないので、歩きにくくなければ、いつもと同じ足回りでよいだろう。

◇何を食べるか

これは重要である。ほとんどすべての歌舞伎の劇場は昼・夜の二部制の場合、どこでも、昼の部が十一時から十六時前、夜の部が十六時半から二十一時頃まで、というスケジュールである。いずれも昼食か夕食を劇場内で取らねばならないよう時間割が組まれている。それを劇場内の飲食施設を使わせようという陰謀か、というのは、やや八つ当たりで、昼も夜も、役者と小屋を休ませずに稼働させるフル操業が、江戸時代以来の小屋主の倫理とも呼ぶべき心性で、どうしても、タイミングとしては食事を劇場内で取らざるを得ないことになる。ただ、もとより芝居見物というのは、江戸時代以来、何を着ていくか、何を食べるかといったことを含めてのイベントだから、僕も食べものの一項をここに設けているのだ。

さて、僕自身、過去五十年、何を歌舞伎座で食べていたかを振り返ってみる。高校生の小遣いが少なかった頃は、自宅から、お弁当、といっても幕の内とかではなく、学校の昼に食べるようなお弁当を母に作ってもらっていたこともある。少し金があるようになってからは、途中の駅にあるデパート地下で、それでも「幕の内」ではなく、経済観念を働かせて、お総菜と「ご飯」を買って持ち込んだ。こうしたことは、食事をいまだに劇場内で食べている歌舞伎ならでは、の、世界にまれな現象である。ロビーで軽食をつまんだり、劇場のレストランでシャンペンまで飲んだり、であれば、西洋でもオペラ鑑賞の一部に組み込まれている。「まれ」なのは、座席で飲み食いするところである。先日も横に座っていた、明日はヒロシマに行くという外国人観光客が、幕間《まくあい》の、僕の二十分間弁当完食の技に感心をしていた。いや、その早さよりも、そもそも自分の席で弁当を広げていることに、「席でピクニックしていいのか！」と。

歌舞伎座での食歴に戻れば、お弁当持ち込み以降、さらに経済に余裕が出た僕は、歌舞伎座三階の食堂で「おでん定食」を主として食べる年月が続いた。どうしても幕間に急いで食べなければならないので、そのためにはおでんが、消化がよさそうに思われたのである。

そしてのちには、ついに割烹料理店で数千円（現在、六五〇〇円）の定食を食べることも「まれに」ある、そんなところにまで出世をしたのだった。

では、いま、初めての歌舞伎座訪問で、食事に関するアドバイスは何であろう。おすすめは歌舞伎座前の某弁当屋さんの幕の内であるが、さすがに名前は挙げないことにする。それであるとか、途中のデパートや銀座の店で幕の内を手に入れて持ち込み、温かいお茶だけ劇場内でもとめて、三十分の休憩時間に自分の席で、出来得れば連れと楽しく食べることをすすめたい。

しかし、膝の上にお弁当をのせて器用に食べるのは、人によっては、難しいかもしれない。見ていると、年配の男性は苦しんでいる。代わりに、劇場内には六五〇〇円もしない別の店もあるので、そこのテーブル席で食べる手もある。高くても普通でも、食堂で食べるには、予約はしておいたほうがよい。

こうした、食事なんかを考えることの、すべてが煩わしければ、昼の部だったら朝食をしっかり食べて、終わってから早めの夕食を取る。夜の部だったら、開演前にどこかでぱっと軽く食事をして、終わってから軽く腹を満たす。これもありだ。

食事をどうするなど、観劇の本質ではないようだが、芝居見物においては大いに重要である。

◇居心地、見心地をよくする

歌舞伎座の「住」生活を、個人的にどうこうすることは出来ないが、隈研吾《くまけんご》設計の歌舞伎座の居心地はよい。元々の歌舞伎座をほとんど変えないで建て替えた、とのことになっているが、少々座席数を減らして、席を広げ、前との間隔も開けたので、遅れて席に着くおばさんの、着物のお尻で膝小僧をこすられることも少なくなった。すでに触れた桟敷席は、体が楽だが、舞台に斜めに面して見にくいことで相殺されてしまうので、初めての方にはすすめない。しかし芸者さんとデートで見せびらかしたいときには、都合がよい。いつか勘三郎（十八代）のおめでたい公演の時に、銀座のクラブのお姉さん方がずらっと並んでいたことがある。

トイレの男女の比率も、改築後は女性に配慮し、休憩時間中に用は足せるようである。空調、暖房、そのほか、前の歌舞伎座より数段よくなっている。見ていて眠くなったときの対応などはあとの章で触れることにする。

歌舞伎座の居心地のよさを増すためのアドバイスは、かくして多くないが、比較的空気は乾いて、観劇の緊張も加わると、のどが渇いて咳が出るので、その傾向のある方はのど飴《あめ》持参がよい。ただし、飴を出すとき、セロファンががさごそ鳴ったり、包みを破るのに力を入れて音が出たりすると近隣の迷惑となるので、あらかじめ準備、工夫をしておくこと。また、席の遠い近いはあれ、役者の顔を間近く見たい向きには、オペラグラスを持参するのがよい。それを取り出すときも音は出さぬよう。

居住性から離れて、歌舞伎座という「巨大な芝居小屋」を評すれば、建物自体は、大きくて伸びやかで、入り口正面の破風《はふ》が格好よい。建築としてもっとも好ましく思えるのが、外壁などの「白」の深みだ。雨のときなどうっすら青みがかって「もの凄し」の感を与えるが、一転、陽光に照らされると、正統的な白に威風が備わる。隈研吾氏に数々の建築があるが、今後、これが氏のもっとも有名な建物の一つになることは間違いなく、この建物が彼の芸術家としての誇りにつながるかは別として、年間、延べにして、百数十万人（!! こんな劇場、世界にない）の人々が快適に過ごしていることは、成功した建築と言えるだろう。

行く前にしておくこと、しなくてよい心配

◇読んでおくべき本はあるか？

歌舞伎見物を来月に控えて、見る前に何か知っておこうと、本を読むことを思いつくかもしれない。ぜひ、と、すすめられる本はあるか。それがない。元からの演劇好きや、歌舞伎好きなら、現在では渡辺《わたなべ》保《たもつ》氏の書く歌舞伎についての本が読み応えがあり、レベルが高い。しかし、歌舞伎を知らない人には難しい。他は、なんだか役の裏話だったり、ひいきの引き倒しだったり、「文化的」な人が「文化的」に書いているのは分かるが、これまで文化的なものにやや縁遠かった「一度は見なくちゃ」の人が読んで面白いとは思えない。

その中では歌舞伎について書かれた本で、唯一、よい文章であり、素晴らしいサービス精神、歌舞伎への愛、知識と学殖、すべてが兼ね備わった奇跡のシリーズがある。

戸板康二《といたやすじ》の『歌舞伎への招待』（昭和二十五年）、『続歌舞伎への招待』（昭和二十六年）、『歌舞伎ダイジェスト』（昭和二十九年）である。戦後すぐ（昭和二十三年）に発刊された『暮しの手帖』に戸板が「歌舞伎ダイジェスト」という読み物を連載していて、その縁で、編集長の花森安治《はなもりやすじ》がすすめ、前二作は書き下ろされた。連載ののちに出版された『歌舞伎ダイジェスト』も含め、いずれも装本は、花森安治である。

この三冊は歌舞伎について書かれた本として、誰にでもすすめられる内容であり、古本でなくても前二者は、文庫版で手に入るから、ここに挙げるが、それでも行く前に必ず読まねばならないとは思わない。初心者にそこまで負担を強いたくはないし、歌舞伎を見る前にこれを読んでも、それこそ何がなんだか分からないだろう。芝居がはねたあとの章でもう一度取り上げることにする。

ということで、行く前に読んでおくべき本はない。この『歌舞伎に行こう！』以外には。

◆しなくてもよい心配

歌舞伎を見に行く前に、何の心配もしなくてよい。着ていくもの、その日の食事、出来たら連れを探す、ということだけがすべきことだ。それでもいまはネット時代なので、試験前の一夜漬けみたいなことは出来る。見ることになっている歌舞伎の筋を知っておくことはよい。次の章で書くように、劇場にパンフレットは売っているが、買って始まる前に読む、というのはいかにも忙しい。始まってから、どうせ退屈する時間が訪れるので、そのときあらすじを読む、のが王道だが、ネットで、ちょこちょこっとあらかじめ筋を知っておくのはよい。ついでに今回出演する歌舞伎役者の横顔なども知っておく、とか。

見る歌舞伎を選定するときに助けてもらった人に、これから見に行くのはどんな歌舞伎であるかを聞く、というのはすすめない。知らない人に、歌舞伎の説明をするのは至難の業《わざ》なのだ。初めて見る人にとって、歌舞伎はたぶん思ったよりずっと変なものなのである。それを解説するのは、やろうとして出来ないし、聞いても分からない。僕自身そんな変なものであるとは、あまり言いたくなかったので、ここまで書かなかったが、初めて歌舞伎に学生を連れて行ったりすると、ほとんどの初心者が、「こんなものとは思わなかった」と言う。ところが、どこで驚くか、そこがまったくこちらには驚きの点だったりする。「しゃべっていることが案外分かった！」とか、「あんなに舞台が広いとは思わなかった」、「若い客がいるので驚いた」とか。

要するに、歌舞伎を知っている人が見たことのない人に説明しようとしても、見る前にはそれは難しい。百聞は一見にしかず、がこれほど当てはまる例は少ない。そんなこんなで、あなたが歌舞伎選定のアドバイスをした人の時間を奪い、説明に窮させてしまうのは、友好関係にもよくない。

だから、心配はせずに、インターネットで、何やらのぞくだけとしよう。それだってしなくてもよい、というのが僕のアドバイスだ。

行く前の基礎知識

とはいえ、事実として、あなたはこの本だけでも読み始めているのだから、ある種の準備は始めていることになる。なら、ここで、ちょっとした、しかし、根源的な基礎知識を伝授したい。ただ何度も書いたように、見る前に準備はいらないのだ。だから、そんな「根源的な」ことなど知りたくない、と思えば、ここは飛ばして第三幕に進んでもよいです。

◈役者のムラとイエ

歌舞伎を成り立たせているのは、三〇〇人ほどの役者である。他に、音楽を担当する下座《げざ》、大道具、小道具、その他、通常の演劇を成立させている人的要素は、興行主や営業や広報まで、すべて歌舞伎にもある。しかし、ここで、「歌舞伎役者」だけを取り上げるのは、その要素があって初めて歌舞伎だからだ。役者以外の裏方などすべての人的要素も、実は余人をもって代えがたいが、それでも変な言い方をすれば、演劇の裏方をかき集めれば何とかなるだろうが、ただ、歌舞伎を上演しようとすれば、「歌舞伎役者」という、数え上げることの出来る、この三〇〇人がいなければ、はなっから舞台が成り立たない。上手《うま》かろうが下手であろうが余人をもって代えることが出来ないのが「歌舞伎役者」なのだ。

彼ら役者はすべて、歌舞伎における芸名を持っている。彼らは歌舞伎というムラ（村）の住人で、歌舞伎というムラの中にこれまで代々続いたイエ（家）に生まれ、あるいは養子になり、あるいはそのイエに入門した働き手である。村、家と書かずに、ムラ、イエと書くのは、「歌舞伎」にあるのは、実際の村や家ではなく、バーチャルなムラであり、イエという存在だからだ。もとより歌舞伎のムラは、役者がどこかの地域にまとまって住んでいるコミュニティーとしての村ではない。といっても架空の存在ではなく、それを示すのに一番ぴったりするのはバーチャルな存在としてのムラである。コンピューターの仮想ゲームのコミュニティーのように。

「イエ」も、同じ理屈である。確かに、歌舞伎役者には、市川団十郎という役者であれば堀越《ほりこし》家という、本名と戸籍を備えた家が存在する。しかし、歌舞伎にとって意味があるのは、堀越家の人々が集う「市川団十郎家」である。その「市川団十郎家」というイエは、先代の十二代目団十郎、堀越夏雄《なつお》氏が亡くなっても存在するし、いまの家長は、堀越寶世《たかとし》である十一代目市川海老蔵だが、のれんとしては、バーチャルな「市川団十郎家」というイエを名乗っているのだ。

江戸時代から、歌舞伎ムラのイエイエ（家々）は、いつもどこかの小屋主、スポンサーと契約をして、そこの小屋に出演していた。そこに変わりはない。ただこのムラのイエのほとんどが松竹という会社と契約をするようになったために、あたかも歌舞伎ムラ全体が松竹に「買い取られ」てしまっているかのようだ。これは歌舞伎の歴史上初めてのことだ。

昔だったら、上方と江戸では別の小屋主だったたし、江戸にもすでに述べたように大きな三つの座があり、他にも中小の小屋、そこの経営者がいた。それが関西も東京も、「前進座《ぜんしんざ》」（一九三一年創立。有名な役者としてはテレビでもおなじみの中村梅雀《なかむらばいじゃく》）という役者集団を例外として、ほとんどすべて松竹の支配下にある。ただ、その契約にどのような条件や拘束力があるのかは、慣例によるところがあり、外部の人には、はっきりとはわからない。小説家だって、原稿一枚書くといくらなのかは、作家と出版社の間の秘密らしい。そうしたことは、どこかの企業ファンドが、松竹や文藝春秋の株式を買い取って、その際、すべての財務公開を迫ったりすると表に出てくるだろうが、それまでは、僕たちのような素人には江戸時代以来の秘密だ。江戸時代は、人気随一の役者の契約金が千両にまで跳ね上がった。まさに千両役者。しかし、千両と明らかになり幕府は五百両にせよ、と命じ、それでも裏金で千両以上払ったりして、江戸を所払《ところばら》いになったり、エンターテイメントは、今も昔も第一に金の世界である。

昭和になってからも、あるとき、松本幸四郎《まつもとこうしろう》家というイエは、幸四郎、息子の染五郎《そめごろう》（いまの幸四郎）、萬之助《まんのすけ》（いまの吉右衛門《きちえもん》）や門弟を引き連れて松竹を離れ、帝劇の開場に合わせるように東宝に移籍したが、十年少ししか持たず、また松竹に復帰し、その顚末《てんまつ》は『幸四郎三国志——菊田一夫との四〇〇〇日』（千谷道雄《ちやみちお》）という本になっている。

こうしたムラとイエについての波瀾万丈、栄枯盛衰は、そのまま歌舞伎というエンターテイメントジャンルにつきものであり、それが、歌舞伎というムラとイエが三百年以上バーチャルに続いていることがもたらした文化資源、の豊かさと厚みとなっているところが面白い。

◇歌舞伎スターシステムの二重性

ともあれ、いまやほとんどが松竹傘下にいる役者たちだが、観客のわれわれには、彼らがどこに所属していようと、別に関係ない。坂東玉三郎《ばんどうたまさぶろう》が好きだったり、市川染五郎が好きだったり、市川海老蔵や中村獅童《しどう》のファンであったりするだけで、あいだに松竹が介在しているような感じは別にない。

重要なのは「イエや役者」のほうがまず先に来て、そのあとに、「劇」が来ることだ。どういうことかというと、二〇一五年七月歌舞伎座公演だと、ファンが気にしているのは、その月に、坂東玉三郎と市川海老蔵と市川猿之助《えんのすけ》が「出る」ことだ。その上で、玉三郎と海老蔵が「源氏店《げんじだな》」という場で、お富と切られ与三郎という役を共演することである。

猿之助ファンであれば、市川猿之助一門というイエの、猿之助と市川中車《ちゅうしゃ》(香川《かがわ》照之《てるゆき》という名でも俳優をしている)が、踊りや劇に出演することだ。彼ら本人が出演するということに関心を持ち、次に何を演じるのか、ということに注意が向く。ハリウッド映画や戦後の石原裕次郎時代の日本映画界もそうであったところの、またタカラヅカが常にそうである、「裕次郎が出演しているから見に行く」、「大地真央《だいちまお》の公演を見に行く」、というスターシステムである。

歌舞伎のスターシステムは、映画やタカラヅカのようなここ百年のことではなく、それ以上に、もう何百年もそうなのだ。だから、二〇一五年七月の歌舞伎座も、中村獅童ファン、市川右近《うこん》ファンにとっては、玉三郎よりも海老蔵よりも、自分のひいき役者である獅童や右近が出ることがニュースであり、見に行く動機なのである。ここでずっと語りかけている「一度見なくちゃ」と思っている人は「歌舞伎」を見に行くのだが、何度も見ている歌舞伎ファンは、「役者」を見に行くのである。

ここには、演劇という芸術が持つ、「演じること」の核心的な虚構の構造が隠されている。そして歌舞伎には、世界のあまたの演劇の中でも、その「演じること」について、強力な仕掛けが秘められているのだ。それはどういうことか。

渡辺謙《わたなべけん》が二〇一五年、ニューヨークで「王様と私」の王様を演じた。松本幸四郎もかつてロンドンで、同じミュージカルの王様を演じた。その二つは、「演ずること」の構造で、異なっている。渡辺謙の場合は、渡辺謙という人（a）が、王様の役（X）を演じたのだ。松本幸四郎の場合は、藤間昭暁《ふじまてるあき》という人（b）が、松本幸四郎（B）

をつねづね名乗って、あえて言えば、つねづね松本幸四郎（B）を演じていて、その松本幸四郎がさらに王様（X）を演じたのだ。演じる、ということの虚構の仕組みが、二重になっているのだ。

◇歴史がつないできた名

歌舞伎役者以外でも、芸名というものはある。本名、小田剛一《おだごういち》という人は、その経歴のすべての期間「高倉健《たかくらけん》」を演じていた、とも言えよう。彼の演じる「であるような」構造は、小田剛一（c）が常々高倉健（C）を演じていて、その彼が居酒屋兆治《ちょうじ》の主人公（X）を演じていたともいえるのだ。

ところが、そこの虚構性は二重には働いていない。ほとんど誰も、彼が小田剛一だったとは知らなかったし、仮に彼の本名が高倉健であっても何の変わりもなかっただろう。いやそれ以上に、高倉健という名と松本幸四郎という名の根本的な違いは、「松本幸四郎」という芸名が、藤間昭暁という人がたまたま現在名乗り、演じているだけで、江戸時代から続き、四十年前には、藤間昭暁の父親、藤間順次郎《じゅんじろう》という人が八代目松本幸四郎として演じていたところにある。そしてこの名前は、順当に行くと、将来は、十代目として息子の藤間照薫《てるまさ》（市川染五郎）が演じるのだ。「松本幸四郎」という、歌舞伎のムラに地霊のように九代続いた名は、ある時代のある役者が仮に名乗っているだけで、いまここに生きている人間の存在を超えている。そこには、「屋《や》号《ごう》」というものもある。地方にいまでも見られるのと同じで、松本幸四郎であれば高《こう》麗《らい》屋と呼ばれる。「松本幸四郎」は、ある一人の芸名ではないし、かつ、その芸名は、「松本幸四郎家」という複数の役者（息子の市川染五郎から始まって、門弟たち）が所属するイエ、高麗屋の家長でもある。「松本幸四郎」と「高倉健」とは、虚構性の強度がまったく違うのだ。

話が理屈っぽくなってきたが、ここの「基礎知識」で説明したかった第一の理由は、歌舞伎を見ることは、歌舞伎の舞台に蓄積されている、いまに続く歴史を見ることだ、ということを伝えたかったからだ。

歌舞伎ムラのイエは、栄え、潰れ（嵐、岩井という一世を風靡《ふうび》した家々は衰えて久しい）、あるいは急に古いイエの名が復活（坂田藤十郎《さかたとうじゅうろう》は、二百年ぶり）したりと、そこにあるダイナミズムは、「古典」などという静止した感じの言葉には収まらないものがある。

第二の理由は、あなたがもし初めての歌舞伎見物をするとしたら、周りの観客のかなりは、何度も歌舞伎に足を運んでいる人で、彼ら彼女らにはお目当ての役者がいて、それが舞台に出てくればただただうれしいという、あなたにはちょっと分かりにくい心理の人たちであることをあらかじめ知らせておきたかったからだ。この心理がもたらすのが、館内に響く「何々屋」というかけ声、学芸会の親たちのようなため息と笑い声、など、あとの章でお話しすることどもである。こうしたことはすべて、歌舞伎がムラとイエからなるバーチャルな役者集団――「梨園《りえん》」などともったいぶった言葉を使うあたりから、ひいきという人々の心理が察せられるが――であることから生まれてくるのだ。

さて、やっと歌舞伎見物の日がやってきた。

【第三幕】

歌舞伎見物の日が来た

劇場に着いた

◇建物としての歌舞伎座

歌舞伎座の前にいる。この建物、何と評してよいのか。これが日本「古典」の殿堂か。石原慎太郎氏が「風呂屋」と言ったのも分かる気がする。見たことはないけれど、秀吉が建てたという「聚楽第《じゅらくだい》」という言葉も浮かぶ。何しろ、古典らしく古さびていたり、黒ずんでいたりせず、紅白と金が基調カラーの派手さである。

昔、大阪にあった「新歌舞伎座」という名の劇場も、まったく奇妙なかたちの建物であった。新宿の歌舞伎町は、戦後、歌舞伎の劇場を誘致しようと、先に町の名前を変えてしまったがついに歌舞伎座は来なかった、というフライングの歴史を持つが、もしあそこに芝居小屋が建っていたら、それも、もの凄かったろう。だから、この白亜の建物の奇妙さは実に歌舞伎らしいと言える。

代々、この地にあった歌舞伎座は、一八八九年の最初のものが洋風で、次第に日本古典まがいとなったことはすでに書いた。四、五十年前、歌舞伎が沈滞していたとき、その建物は、くすんだ印象だった。真夏の三波春夫《みなみはるお》公演のときには劇場の前に大きな氷柱《ひょうちゅう》が置かれたりして賑わいを感じさせたが、あとは、時代遅れの古びた建物だった。変われば変わるものである。

確かに隈研吾設計による新しい歌舞伎座の「白」壁は、役者の白塗りのようにこってりした厚みがあり、金の飾りも新しいのでぴかぴかしているが、外観の体裁はほとんど変わっていない。なのに、いまの歌舞伎座は通りすがりの人まで、記念写真を撮っていたりするほど引きつけられるのは、このところの歌舞伎人気が建物からあふれているからだろう。世の中の流行《はや》り廃《すた》りは数十年のサイクルですっかり変わる。だから、近い将来、歌舞伎がまたくすんでしまったら、歌舞伎座もくすんで見えるのだろう。

いまはそんな昔話や未来予測など関係なく、歌舞伎座前の空間は、来た人にわくわくした感じを与える。よく戦前の写真や動画で、「浅草の賑わい」といった、映画館が立ち並び、幟旗《のぼりばた》と人がひしめいている盛り場の光景を見ることがあるが、粒子の粗い白黒の画面からは、実感としての賑わいは感じにくい。いま歌舞伎座昼の部と夜の部の入れ替えの午後四時頃に、歌舞伎座の前にたたずむと、渋谷のスクランブル交差点と同じような人の群れが作り出す興奮、それも「古典的」な賑わいが甦《よみが》えっているかのようだ。江戸の昔から、芝居小屋の前は、入る人も入らない野次馬も群れて、一種独特の雰囲気があったのだろう。それがこれか、という感じがある。この歌舞伎座新開場の二〇一三年四月二日のときなど、折あしく強い雨降りとなって、精魂込めてこの日のための着物を着てきた女性たちにはつらい状況となったが、それでも芝居見物の熱気のほうが水気を吹き飛ばすかのようだった。

歌舞伎に関しては、「古典的」であることと、「今風」であることがいつも重なっている。古典ではあるが、博物館や教科書にしまい込まれてはいない。逆説的だが、歌舞伎が、人気を失って国家の補助で生きながらえるようになったとき初めて、「国家の古典」となるのだろう。いまはまだ十分に、市場で戦える今風のエンターテイメントなのだ。そんなものは他に二つとないので、この歌舞伎座は奇妙で当然だ。

感想ばかりではなく、観察を述べれば、建物の外は両脇に、夜の部、昼の部の「絵看板」が出ている。絵の流派としては鳥居《とりい》派、というのだが、そうした知識は別としても、初めての人もどこかで見たような気がする絵柄である。この、どこかで見た「ような気がする」のが、古典の特徴である。だから初めての人にも、見覚えがある。日本酒の菰樽《こもだる》が高く積み上がっているのは初めて見ても懐かしい。正面入り口の上には、歌舞伎座の紋が染め抜かれた布で覆われた「櫓《やぐら》」が置かれている。京都南座の十二月の公演だと、「庵看板《いおりかんばん》」と言って、出演する役者の名前一人一人が歌舞伎独特の書体（江戸・東京では勘亭流《かんていりゅう》、関西では東吉流《とうきちりゅう》）で縦長の板に黒々と書かれ、掲げられている。

十一月末のテレビのニュースで必ず取り上げられるあれだ。

他に、実は、歌舞伎座には地下街として、「木挽町広場」というのがある。和風テイストの小物やお土産、舞台生写真など、旧歌舞伎座では、建物の内側で売られていた歌舞伎グッズの店の半分ほどが、ここに居を移して、他にコンビニ、カフェ、飲食店、お茶やまんじゅうなどなどと一緒に、一つの市場をなしている。ここも大変な賑わいである。上の歌舞伎座が、公演をお休みしている月末でさえ、年配の人を中心に、大勢の人が集っている。外国人観光客も目につく。昨今の観光ブームの中で、日本的なるもろもろが集約されたスポットとして、浅草仲見世のようにガイドブックなどで紹介されているに違いない。

これ以上店舗情報など書いていると、さすがにたんなる宣伝となるのでやめるが、こうした店は、元より歌舞伎座の周りにはぽつぽつとあったのだ。距離的には銀座に近いのだが、かつては木挽町と呼ばれたこの界隈まで歩いてくると、盛り場も末の雰囲気だった。それが歌舞伎座新開場以後、地上にも和風関連の店が増えている。例えばお香の店など。そうした店を観劇の前後に訪ねることなども、歌舞伎に行くことの内に入る。

建物はこのあたりにして、いよいよ中に入るか。

◇役者の家の門口に夫人が

ここで、入場したあと席に着くまでに準備する筋書《すじが》きとイヤホンガイドの説明になるのだが、その前にちょっとした注目点がある。

切符を切ってもらって正面ロビーまで数段、階段を上がり、筋書き売り場に到達する、その2、3メートルの空間の両側の壁際に、小さな机と椅子が出ている。普通は気づかないかもしれない。その机の上には、松本幸四郎とか、中村梅玉《ばいぎょく》とか役者の名前の札が置かれている。そこは歌舞伎ムラの、各イエ、一門の受付なのだ。その公演に出演している役者のひいきの人たちへの窓口である。歌舞伎役者のマネージャー、事務方がそこに控えている。やってきた客に切符や引き出物の手ぬぐいを渡したりする。実は、客の中でも、役者に親しかったり、後援会に入っている人たちは、前に説明した切符の買い方とは別ルートで、役者の事務所や後援会から直接に切符を買っているのだ。

第一幕の「チケットを手に入れる」で、こうした役者のイエや後援会から切符を買う話をしなかったのは、それをすると、歌舞伎ムラがいかにも閉鎖的な印象を与え、いま初めて歌舞伎を見に行こうと思っている人に敷居《しきい》を高くすることになるかもしれない、と危ぶんだからだ。はい、そのように切符を買う人たちもいるのです。

演劇であれ、コンサートであれ、一般的にもチケットというものの流れは大きく言って、劇場側から公開して売られるものと、演者の側から売られるものと二つある。歌舞伎の場合は他にも大口団体に売るというルートがかなりの規模であるのだが、それを除いて個人が買うとしたら、先述の買い方と、もう一つ、歌舞伎のイエから直接買う方法がある。その場合、名札の出ている受付から切符を受け取ったり精算したりするのだ。

小劇場の芝居だと、劇団マネージャーが小さな机で切符とお金のやりとりをしている、あれと同じことを歌舞伎座の内側、ちょっと入ったところでやっているのだ。「坂東玉三郎《ばんどうたまさぶろう》」なんて札のあるところからチケットをもらうと特別な感じがするだろう。かといって、特別席ではないから、別になんていうこともないのだけれど。それはそれとして、歌舞伎座入り口の内側に入るか入らないかの境界線のあたりに、歌舞伎のムラやイエが垣間見えている、ということが面白い。

ある人が幸四郎のひいきであったり後援会に入っていたりして、その筋で切符を予約したとする。当日、自分の切符は劇場内、幸四郎一門の受付のところにある。切符をもらうためには切符入り口を通らなければならない、しかし、そこに入るための切符がない。この矛盾はどのように解決されるのか？　いや別に難しくはなく、入り口で切符を切っている歌舞伎座の人に、「あの、ちょっと幸四郎さんのところに切符を受け取りに行きたいので」とか言うと、入れてくれる。そのあと、受け取った切符を切符の係に渡す。

体はすでに劇場の中に入ってしまっているのに、外から入るための切符を渡すところが、少し面白い。そして、歌舞伎座という建物の中に、歌舞伎のムラがちょっとだけ頭を出していて、そこの「幸四郎さん」のイエを訪ねて切符を受け取る、といった、この感じがとても面白い。

ましてや受付に立っているのが着物姿の役者の夫人だったりすると、歌舞伎座の内と外のあわいの、何やら明かりがともる家の門口に、美しき女性《にょしょう》がたたずむ風情と見える。その夫人から切符を手渡されたりすると、個人的に役者や歌舞伎ムラと関わったような気にさせられ、歌舞伎見物も心が弾むというものだ。なかには、マネージャーや役者の夫人が、座っている席まで挨拶にやってきて、お土産を渡したりするそんなひいき客もいる。客のほうも周りに多少誇らしく感じたりして、気持ちのよいものだろう。このあたりは、やや「特別」だ。たぶん、こうした役者と客のやりとりは江戸の芝居茶屋（説明は省く）以来なのだろうと思う。相撲を桟敷席で見ると、お弁当がやってきたりする、あれである。

◇筋書きとイヤホンガイド

歌舞伎見物は忙しい。そうやってチケットを見せてから席に着くまで、左右の役者受付を横目に見たあとも、まだやることがいろいろある。

まずプログラムを買う。いや、ここは、郷に入っては郷に従えで、プログラムではなく、「筋書《すじが》き」と言ってほしい。もちろん買うか買わないかはあなた次第である。筋書きの値段、たとえば昨今の歌舞伎座の一三〇〇円は微妙だ。あなたが三階A席を買っているとして、すでに五〇〇〇〜六〇〇〇円払っているのだから、さらなる出費を抑えるか、ここは清水の舞台を飛び降りるつもりになるか。言えることは、買わないと見たことにならない、なんてことはないということだ。あとは、初めての歌舞伎見物を記念して買うかどうかだろう。

大昔は無料のパンフレットが三階の隅に置いてあって、一階の人も上がって行って取ったものだが、いまはない。しかし、切符を買うときにもらえるはずの、一枚刷りの表に演目と配役、裏にあらすじの書いてあるビラは無料だ。これがあれば、筋書きなしでもどうにかなる。持ってくるのを忘れたら、劇場内のどこかに来月の演目などと並んで置いてあるはずだ。

初めての人には、筋書きよりイヤホンガイドがよい助けとなる。値段は、返してくれる保証金は別に、実費で七〇〇円。これは、実況解説なのである。同じ舞台を専門家の人がどこかのブースで観ていて、いまから始まる場面はこうだ、とか、演技のどころに注目するとよい、とか教えてくれる。英語のガイドもあったがいまはない。野球を見に行って、中継のラジオを聴くようなもの。こんな実況解説のある劇場は世界にあまりない。いや、皆無かな。

元来、上演される歌舞伎の九割五分は古典的レパートリー作品である。歌舞伎好きは筋が分かって見るものだ。だからもとよりネタバレは、鑑賞を妨げない。むしろ知っておいたほうが楽しめる。知っておかないと置いていかれる。舞台上のやけに綺麗な着物を着ている美男子は、「花作りの蓑作《みのさく》」と名乗っているが、実は武田勝頼《たけだかつより》である、といったことは、知って驚くより、知った上でことの推移を見守ったほうが面白い。そこでガイドは必要なのである。

筋書きにも書いてあるので、舞台が始まる前に読み通して、蓑作が現れる前に理解しておくのでもよいが、その筋書きの解説文も国語読解力がかなり必要となる。何しろ、筋をややこしくして楽しむのが、江戸時代の歌舞伎や人形浄瑠璃《にんぎょうじょうるり》の王道なので、それを文章の説明だけで分かるのはきつい。かといって、同行の友人にそのつど耳打ちされたりするのも煩わしいし、周りの鑑賞の妨げになる。だからイヤホンガイドを、初心者にはおすすめする。ま、筋書きも買わず、イヤホンガイドを借りなくても、ドラマというものに慣れている人には分かる、とも言えるが、現代語に近い話しっぷりの作品、「世話物《せわもの》」なら分かりやすいが、「時代物《じだいもの》」だと結局何が何だか分からないまま時間を過ごすことになりかねないので、初心者は、筋書きかイヤホンガイドかどちらかに投資すべきだろう。

それ以外に、字幕ガイドもあるが、これは、外国語字幕もあるので外国人には便利だが、日本人の初心者には、コストパフォーマンスも悪く、おすすめしない。その他に、席に着く前にしておくことは、トイレかな。そのためにどこの劇場でもロビーのどこかに出ている、幕ごとの上演の時間割表をチェックして、どの休憩を自分のトイレタイムにするかを決めておくとよい。

席に着いた

◇幕と花道

席に着くと、前に見えるのは幕である。三色の縦縞の幕、定式幕《じょうしき》という。江戸以来、お決まりとなっている幕だ。小屋によって三色の色は違うのだが、どこでもあまり派手な色はなく、黒、白、萌葱《もえぎ》（緑）、柿色、といったところで、東京の歌舞伎座は、江戸守田《もりた》座以来の伝統で、左から黒、柿色、萌葱の三色、国立劇場は江戸市村座を踏襲したか、左から黒、萌葱、柿色の三色である。

このカーテンは、客席から向かって左手（舞台では「下手《しもて》」と呼ぶ）から右（「上手《かみて》」）に向かって開くと、心得る。窓のカーテンよりはずいぶんと重いので、大道具の人が数人がかりで、芝居の内容やしきたりに合わせて、あるときはゆっくり、あるときは素早く開ける。閉まるのはその逆、上手から下手に。ほんのときたま下手から上手に閉まるときがあって……と、いろいろ書きだすときりがない。歌舞伎芝居は、数百年続いてきたものだから、うんちくの種となる堆積《たいせき》は大変なものがあり、なにやら変だな、と思ったら、それはそうする「定式《じょうしき》」なのだ、と考えて、それ以上の意味が気にならなければ、うんちくはうんちく好きにまかせて、うっちゃっておけばよい。

さて、いまあなたが閉まっている幕に対面して、まだ始まらないな、と思っている。そのときにも、耳をちょっと澄ますと、拍子木を打つ音、「柝《き》」がチョン、チョンと聞こえてきたりする。それは開演前に、「狂言作者」（といっても普通の意味での脚本家ではない、台本関係の仕事と舞台進行が仕事）が役者や大道具、裏方さんに、三十分前ですよ、十五分前ですよ、十分前ですよ、もう始まりますよ、といったことを知らせているのだ。

ここもうんちくを傾け始めると終わらないので、このくらいでとどめておくとして、要するに、その幕の向こうの小さな音にも意味があって、歌舞伎によく行くようになると、そうしたかすかな音も気分を盛り上げてくれるのである。

もう一つ、席から見える奇妙なものがある。花道。舞台の左側のところから直角に、客席を割るように付いている細長いステージである。20メートルもあるか。突き当たりには、揚幕《あげまく》と呼ばれる小さな幕があって、そこから役者が出てきて舞台に向かう。あなたの座っている席が三階の後ろだと三階の前の方の客席がじゃまして、花道は見づらい。それでも新しい歌舞伎座は、前よりは見やすくなっている。揚幕は二、三階からは見えない。しかし、ま、構わない。役者が出てきて立ち止まり、演技をするのは、舞台から十分の三のところで、その場所は三階からでも見える。そこが花道全長の七分、三分の位置にあるところから、「七三《しちさん》」と呼ばれる（江戸時代は、逆に揚幕から三分、舞台から七分のところに「七三」はあったんだそうだ。その後、劇場建築がいまのようになって、現在の七三にずらされたんだそうな）。

その七三には、「スッポン」と呼ばれる、150センチ（五尺）×75センチ（二尺半）の穴が切り取られていて、その部分が沈んだりせり上がったりし、そこから役者がスッポンの首のように出没（まさに！）する。また、そのあたりに大道具の木戸が置かれて、舞台にある建物の門外と門内を区切ったりもする。そのような、幅1・5メートル（五尺）しかない細いステージで、役者たちは見得を切ったり、踊ったり、六法《ろっぽう》という特殊な足踏みをしたり、演目によっては出初め式の「はしご乗り」のようなことまでする。

定式幕
床
回り舞台
揚幕
セリ
ツケ打ち
仮花道

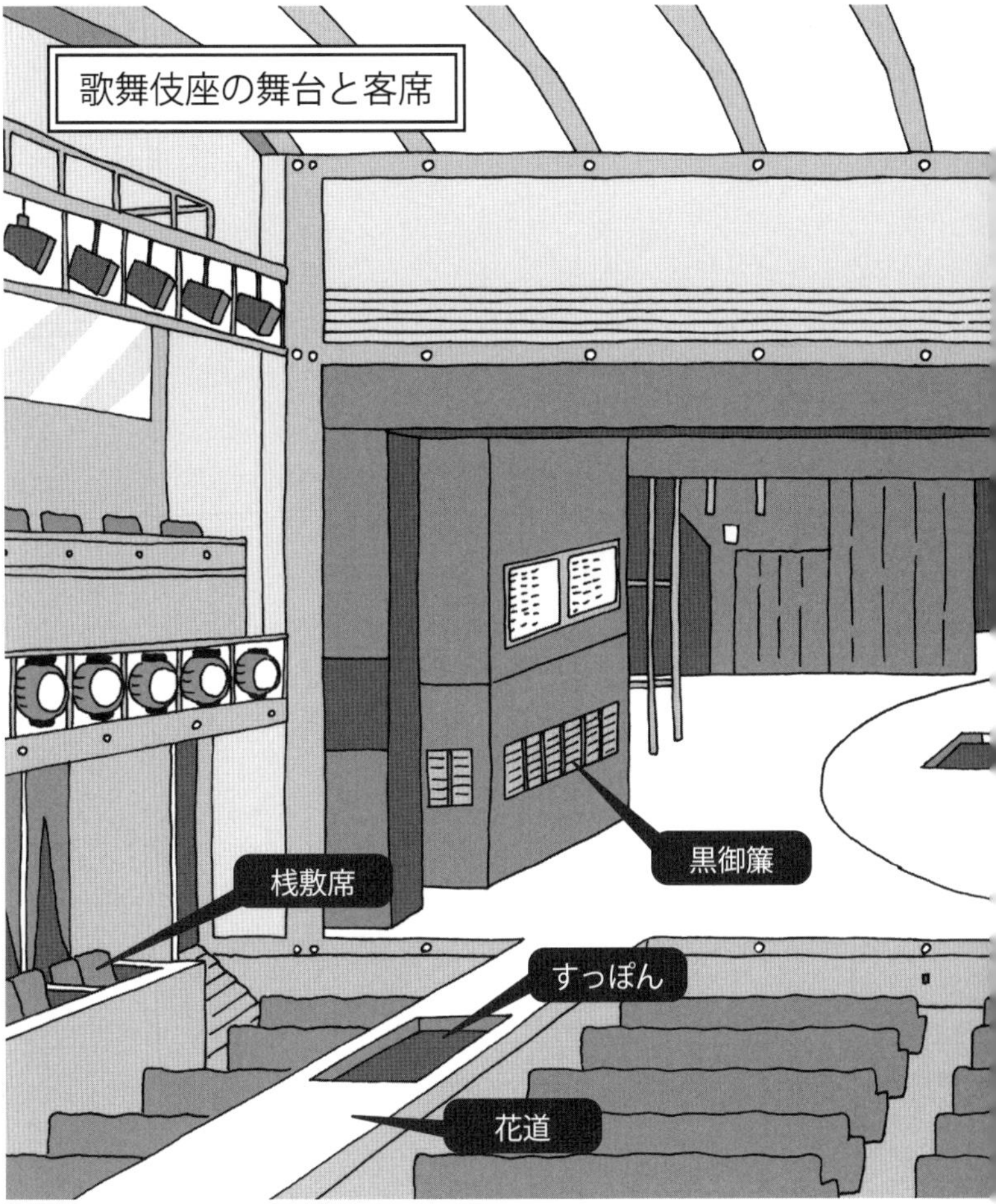
歌舞伎座の舞台と客席
黒御簾
桟敷席
すっぽん
花道

かくして、花道は、他の演劇と比べて、歌舞伎の特異点となっている。ただ、どんな歌舞伎の狂言（演目のこと）でも使われるとは限らないので、今日のあなたの歌舞伎見物では、あまり重要ではないかもしれない。逆に、たまたま見た狂言が、「両花道」と言って、舞台右側にも、常設の花道に平行して、もう一本、「仮花道」と呼ばれるものが作られているかもしれない。それが見られる確率は……2％パーセントくらいかな（私の猜疑心《さいぎしん》によると、劇場側は、仮花道を作ると客席を数十席つぶすことになるので、商売上あまり喜ばない。でも、両花道のある狂言は人気があるものであったりするので、その分チケットを高くすればよいのだろうが）。

花道やスッポンは、歌舞伎がかつて、そしていまも、たんにドラマの芸術ではなく、見世物、スペクタクル性が強いことを示している。ちなみに、以前の歌舞伎座では、三階のほとんどの席から七三は見えなかった。役者も客のことを心得て、「八・二」くらいのところで演技していた。それでも三階の見ずらい席の熱心な人たちは、「八・二」で重要な演技が行われるときは、機を見計らって移動し、客席の通路や階段に中腰になって見たものだ。私は、かつての歌舞伎座三階にあった「東側ろ20番」という、舞台は斜めの角度から見ることになるが、花道を見渡せる席（二〇〇〇円、学割で一八〇円）を確保せんと、前売りの日に歌舞伎座に並んだものだ。

◆歌舞伎界は一つの生態系

解説が昔話めいてきたので、この章を、歌舞伎は世界だ、ということを説明して締めようと思う。

歌舞伎には、うんちくがあふれている。サッカー観戦だって、漫画だって、楽しみのジャンルにはうんちくはつきものである。歌舞伎の場合はことさらそうで、それは、四百年の歴史があるからだが、もう一つはっきりしているのは、他のエンターテイメントよりさらに、「世界性」を帯びているからだ。

うんちくと世界性、どういう関係か。まず、筆者の僕はどのくらいうんちく、定式幕はどのような色、柝による合図にはどういったことがあるのか、といったことを知っているか、というと、さほどではありません。先ほどの「七三の変遷《へんせん》」のように、『歌舞伎事典』を横に置きながらでないと、危なくて書けません。そしてうんちく、という以上に歌舞伎のことをよく知っているのは、役者のような歌舞伎ムラの人たち、また、歌舞伎座や国立劇場の「制作」という仕事をしている人たち、それ以外だと、ほとんど本業は二の次で歌舞伎に通い詰めているような人たちである。そういう人たちには、僕など、どうやってもかなわない。

僕は学生時代に国立劇場の大道具のアルバイトをしたことがありますが、そのときの一番の驚きは、なるほど、役者や裏方の人たちは、ここで暮らしているのだ、ということでした。中には何歳かもしれないような人がいて、「もうすぐ灰や」（もうすぐあの世に行きます、の意）と言いながら柝を打ったりして生きている人がいる。「オペラ座の怪人」です。

裏方でなくても、いつも役者の楽屋に出入りして、なにやら手伝ったり、遊んだりしている人もいる。つまり病膏肓《やまいこうこう》に入った人たちである。小説家の永井荷風《ながいかふう》も若いころ、勉強はせずに歌舞伎の世界に出入りしていた時期があったらしいが、それである。歌舞伎を見ていると、ふと自分も裏長屋で暮らしている気分や、花に狂った踊り手となって桜を見ている気がしたりする。そこからさらに踏み込んで、舞台の裏側に入り込んで、その別世界の住人になりたい気分は、僕も分からなくはない。

これは、歌舞伎という芸能が、ある脚本を誰かが演じるという通常の演劇よりも、はるかに強い磁場によって、たんなる「一芸術作品」以上の「恒常的な世界」を作り上げているからである。その世界を構成する磁場の強力さは、前の幕に書いた、歌舞伎のムラとイエ、スターシステムによって発揮される。歌舞伎の世界は、歌舞伎ムラに住んでいる、たとえば成田屋《なりたや》という屋号を持つ市川団十郎という役者から始まって裏方に至るまでの大勢の人たちによって、虚構と実際の二重のレベルで作られている。虚構のレベルでは舞台上に精緻な芸と仕掛けで、この世にあらぬ世界が展開される。

しかし、舞台の上演が終わっても、その舞台の向こう側に歌舞伎ムラという世界があって、人は、舞台を通り抜ければそこに入り込めるような錯覚を起こす。実際のレベルでも、舞台の裏側には、そこで生きて仕事し、喜怒哀楽を味わって死んでいく人々がいる。中には「怪人」として日の目を浴びない人すらいるわけで。

歌舞伎が続いている、とは、歌舞伎の演じ方が伝承されている、といった言い方では足りない。歌舞伎という「世界」が、人々の生命と活動によって維持されているのだ。逆に歌舞伎がなくなる、というのは一つの「伝承」、一つの流れが消える、ということではなく、ひとまとまりの「世界」が消滅すること、と考えたほうが適切なのである。その歌舞伎の「世界」はもちろん本当の世界よりもはるかに小さい。でも、その中にすべてが詰まっている。その意味で、ちょうど、生物の一つの小さな生態系《せいたいけい》、ニッチ、と理解するのもよいかもしれない。その一つの生態系、ニッチはさらに大きな「芸能」という生態形の中に在るのだ。だから歌舞伎が続くとか、消えるとかいうことは、一つの生物種（見得とか発声、女方《おんながた》の身振りとか）が、その生物種が存在できる生態系（歌舞伎の世界）と共に存続したり消えたり、あるいは、気候の変動（時代の変化）によって、その生態系自体が滅んでしまうことと同じである。

といったあたりで、そろそろ幕が開く。

【第四幕】

幕が開いた

幕が開いてびっくりすること

幕が開いて、劇が始まるのだが、それを鑑賞し始める前に、歌舞伎を初めて見る多くの人は三つのことにびっくりし、気を取られる。かけ声、ツケ、そして女方《おんながた》、の三つである。その説明から始めよう。

◇大向こうのかけ声

幕が開くと拍手もなく、何か間が抜けた感じで歌舞伎は始まる。講義の前の教室のように軽く私語が聞こえる。そこに、上のほうから、「×××やっ！」と大声が聞こえて、びっくりする。

誰か騒いでいるのか、と思うと、また「×××やっ！」とくる。偉そうな人が現れると、やっ、やっ、かけ声のかけ合いになる。さほどでもない役者が四人連れ立ってくると、どうも一人一人、軽く呼びかけるように「やっ」、「やっ」とくる。歌舞伎ではかけ声をかけるらしい、と聞いていた人も、あんがい声が大きいのでびっくりする。周りがびっくりしていないので、自分もびっくりしていないふりをするることにするが、やや緊張させられる。

「やっ」とは、「屋号」というやつである。一人一人の役者が例外なく「何とか屋」という屋号を持っていて、出てくるとそれで呼ばれるのだが、最後の「や」の音が強調されるので、「やっ」、「やっ」と聞こえる。「そういえばうちの田舎にもそんなのがある」、と気づく方もいよう。歌舞伎ムラのイエにはすべて屋号があるのだ。市川団十郎家だったら「成田屋《なりたや》」、尾上菊五郎《きくごろう》家だったら、「音羽屋《おとわや》」。だから、団十郎家の市川海老蔵も成田屋であるし、菊五郎の息子の菊之助《きくのすけ》も音羽屋である。ただ、ここでうんちく登場で、市川左団次《さだんじ》の屋号は高島屋《たかしまや》であるが、息子の市川男女蔵《おめぞう》の屋号は瀧野屋《たきのや》である。一門、一家で、ほぼ屋号は同じなのだが、それより強い原則として、一人一人の名前の方に屋号が付いているのだ。

ところが、このかけ声は、屋号だけではない、尾上松緑《しょうろく》はお祖父さんの二代目松緑が千代田区の紀尾井町《きおいちょう》に住んでいて「紀尾井町」と声がかかる。音もよいし、漢字の連なりも感じがよい、というのが続いている理由だろう。他にはあまりいない。

亡くなった芝翫《しかん》は、「神谷町《かみやちょう》」と呼ばれることがあった。舞台上で、松緑だったら音羽屋、芝翫だったら成駒屋《なりこまや》なのだが、他にも音羽屋や成駒屋がいて、そちらが格上だったら、その人と区別するために地名を使う、という説明が出来ようが、そうでもない。かけ声をかける側からすると皆が成駒屋、と言っているときに自分だけちょっと差別化を図って、「神谷町」とかけてみる、といったところもある。他にも、松本幸四郎、市川染五郎親子が一緒の舞台に出ているとき、二人とも屋号は高麗屋なのだが、区別するために、息子の方を「染高麗《そめこうらい》！」なんて呼んだりする。それがかっこいいと思うか否かは、趣味の問題である。

屋号ではないかけ声には、たとえば、名ゼリフの前に、「待ってました！」とかかったりする。ときには「たっぷり！」とか、なかなか楽しいのもある。最近では病気明けの舞台に、「待ってました！」の合唱が起きる。僕は昔、初めて見た世話物《せわもの》（舞台が御殿だったりはしない、市井《しせい》の一隅だったりする、江戸時代当時の「現代劇」）の、主人公が部屋をほうきで掃除するところで、隅っこのゴミをかき出す仕草に、客席から「細《こま》かい！」とかかって、笑いが起き、なるほど、と、それが、僕の歌舞伎への熱を一挙に高めた。他にも「大道具！」というのを聞いたことがある。舞台面の素晴らしさへの称賛だった。

誰がかけ声をかけるのか、というと、誰でもよいのだ。感極まったり、好きな役者が出てきたりすれば、かけてよい。しかし、実際のところはセミプロのような人たちが、歌舞伎座だったら三階の上の方にいて、いいタイミングで、「×××やっ！」とかける。

彼ら、木戸御免《きどごめん》の常連さんを「大向《おおむ》こう」と呼ぶ。大向こうとは芝居小屋の後ろの立ち見席、天井桟敷とも呼ばれるあそこをそう呼んでいたようだが、転用されてそうした声をかける常連さんを呼ぶ用語になっている。どうすればなれるのかな、と思うと、始終、芝居小屋に行っていて、声をかけたりしている内に、前からの「大向こう」に「お若いの、なかなかやるね」とか言われたりしてなじみになり、仲間に入れてもらい、という経過を辿《たど》るらしい。残念ながら僕にはお声はかからなかった。

西洋だったら、オペラ座の天井桟敷《てんじょうさじき》から、素晴らしいアリアが終わったり、バレエの妙技が披露されたりすると、「ブラボー！」という声がかかる。それは日本のオペラやバレエの公演でも同じだが、聞いていると、「ブラビー！（ブラボーの男女混合の複数形らしい）」とか言っている人もいたりして、外国語の試験みたいである。

ま、とかく、通《つう》はよいのだが、半可通《はんかつう》というのは気持ちがよくない。それに似て、昨今の歌舞伎座で、一階席の前のほうで、ひいきの役者に大声で「××屋」とやっている人がいるが、あれはやめてほしい、とこの場を借りて言っておきたい。かけ声は後ろから来るとよいが、横からは耳障り、たんにうるさいからやめてほしい。とりわけ、女性の金切り声は、元より男性だけが声を発している歌舞伎の音環境の中では、違和感がある。かけ声はタイミングよく発されると、舞台パフォーマンスの一部となって快いものなので、そのあたりは自戒してほしい。私たち素人は拍手くらいでよいのだ。

◇ツケ打ち

「ツケ」も重要なのはタイミングである。これは、舞台の役者が、見得を切ったり（はったとにらんで、ポーズを取る）、強い動きをしたり、といった演技の決め所で、舞台の袖に、化粧なしで座っているたっつけ袴《ばかま》の人が、四角の板に、拍子木のような木を打ちつけて、かなり大きな音を出すものである。こちらはまさにプロなので、その間のよさと言ったら他にない。爽快である。歌舞伎を見慣れている人は、役者が目をむいて見得を切っているときに、バチッ、バチッとツケの音が響いて、大向こうから「中村屋!」、と声がかかったりするのは、聞き慣れていて、何の不思議も感じない。しかし、初めてだと、突然の音で、何が起きたのかびっくりするわけである。

僕は舞台上でずいぶん変なものを見てきた。たとえば、大道具の梁《はり》が外れて落ちたり、役者のカツラがずれてしまったり、女方が裾を踏んでずっこけるといった。でも、このツケ打ちがずれたのは記憶にない。僕などは少々のずれは分からないのだろうが、脇に控えているツケ打ちの真剣な面差しから、あれは、失敗は無に近いな、と思わせるものがある。

このツケを、東京では大道具の人、関西では狂言方が勤める、という違いがある。さらに、関西では、ツケの音は舞台の陰で行うことになっていた。そこで、上方ではこのツケを「かげ」と呼ぶ。ただこの説明でよいのか、という疑いが僕にはある。僕はツケの激しい音を聞くと「江戸」を思う。

この木と木を打ち合わせて出る音は、江戸で始まった荒事《あらごと》(勇壮な芝居)にいかにもふさわしい。あとで説明するが、「荒事」に対して、「和事《わごと》」という上方を発祥とする優美な演技を主とする舞台でも、演技の決め所では、同じ音が使われる。しかし、どこかで、違う二つのものが合わさって、いまでは東西の歌舞伎で同じことをしているのではないか、という気がしてならない。

この木と木を打ち合わすツケ打ちは、新興都市として始まった江戸の「荒々しさ」の——想像をたくましくすれば、江戸開府以来、都市開発の普請が続いて、火事になればまた新たな普請、と常に膨大に運び込まれた材木による建設が進んでいた江戸の活気の——発現とその名残なのだろうと思うからだ。

◇女方《おんながた》の理解

三つ目の「びっくり」だが、学生と歌舞伎を見に行くことがしばしばあって、そのうちの初心者に、初めて見た感想を聞くと、意外というか当然というか、不思議な逆質問をしてくる、「先生、あの女の役の人たちはみんな男ですか?」
彼らは女方が男性であることは知っている。そうは知っていてもどうも腑《ふ》に落ちない。「あの人たちはあまり女性には見えないのだけれど」、というのが思うところだ。彼らは、テレビ番組で、男子学生などが女装して現れ、スタジオが「本当に女性?」と驚いたりする、あれと同じようなことが起きると思っていて、あまり女には見えないけれど「これでいいの?」と感じたのだ。それに対して、「歌舞伎の女方は女性を演じる芸術家であって、別にニューハーフみたいに女に化けるわけではない」と応じたら、答えとして間違っていないが、不親切である。もちろん歌舞伎を分かってくればその問い自体がおかしいことは分かるのだが、最初に湧いた疑問としては当然であり、むげには出来ない。

だからといって、「いや、玉三郎みたいに綺麗な人もいるよ」と返答したら、その答えも外れている。綺麗なことは歌舞伎の世界だってよいことだからそれはそれでよいのだが、それでは、玉三郎は「綺麗だから」女方として極上ということになってしまう。第一、玉三郎も、スタジオで、「誰が本当の女でしょう?」に出たら、100パーセント、男性と見破られるに決まっている。パフォーマンスで鍛えられた体は、ほっそりなんかしていないから、そういうバラエティー的な女装とはまったく違うのだ。綺麗は大事だが、女方の話はそこから始まるのではない(こんなこと書いていることも、歌舞伎を知る人には「女方とニューハーフを並べるなんて」と不快かもしれないが、こうした普通の人のよくある疑問は大事なので、続ける)。とはいえ、「女方は別にニューハーフではないのだから、女の人みたいに見えなくてもよいのだ」、と言ったら、それもおかしい。女の人に見えたほうがよいのだ。しかし、本当は、女の「人」

に見えるのが目的ではない。舞台の上の女性の役、八《や》ツ橋《はし》という名の傾城《けいせい》とか、「四谷怪談」のお岩さんとか、女の「役」に見えることを目指している。

ただ、もう一段ややこしくすると、現代日本でニューハーフと呼ばれる人が、整形してまで女の人に見せようとすることと、江戸時代の女方の役者が女らしく見せよう、日常生活でも女性のようにして暮らそうとした努力とは、おおよその方向は変わらないのだ。目的はズレながらも、努力としては重なったりするから、ここは微妙だ。江戸時代の役者の中には、いまのニューハーフのように風俗営業をしていた人もいる、と明かしたら、ますます、ややこしくなる。

少なくとも、あなたが初めての歌舞伎見物の人だったら、混乱してしまうだろう。そこで、「演じる」という原点に立ち戻って、舞台上の「女方」をどうやって見ればよいのか、を考え直そう。

第二幕の「歌舞伎スターシステムの二重性」で説明したように、演技というのは元から、「であるかのように」行うものだ。だから、男が男を演じようと男が女を演じようと、山田太郎さんという人が「ハムレット」という、四百年も昔のデンマークの王子になって舞台に出てくるのも、もともとおかしいといえばおかしいのだ。そのおかしいことを納得させるために、山田太郎さんが、観客が初動のところでつまずかないように、デンマーク人を装ってプラチナブロンドのカツラをかぶり、目鼻を強調した化粧をすることは、許されるというか、その目的と努力は正当なものである。だから、役者が女方として、腰元の役をするとき、日本髪のカツラをかぶって、顔を白く塗って、肩を落としてなで肩に、高い音域で発声するのは、「演技」なのである。その上で、「あの人たちはあまり女性には見えないのだけれど」を考えてみれば、「ハムレット」を観るとき、山田太郎さんは、四百年前のデンマーク人に見えますか？　というのが私の答えである。山田太郎さんがハムレットに見えるかどうかが重要なのであって、デンマーク人に似てなくても、シェークスピアの演劇は鑑賞できる。ひとえに、山田さんが、「生きるべきか、はたまた死ぬべきか、それが問題だ」というハムレットの煩悶《はんもん》を私たち観客に納得させることが出来るか、それが問題なのだ。

　とはいえ、確かに、歌舞伎ムラのほうの都合もあって、若々しい役者をずらっとそろえるのは難しいので、あれで腰元か？　というつまずきが起きるときもある。しかし、あるときは男性、あるときは女性、またあるときは老人、ときには、屋根から空中回転しながら落ちてくる役までしなければならないのである。「ぱっと見た目」ですぐに女性と納得させられるか、というところは許してもらいたい。と、僕が代弁するのも変だが、そう言いたい。実は、最近では、最初に並んで出てくる腰元など、以前と比べると、ぐっと美形が増えているのだ。

◇さらに女方について

とはいえ、ここでやめると、「大目に見てよ」で終わってしまう。もう少し女方の話を続ける。

ここには重要なことがある。日本人がデンマーク人を演じる、若者が老け役をする、という「であるかのような」演技と比べて、男が女になる、というのは、レベルの違う難しさがある。と、同時に――ここがいままで話したことのすべてに関わる最重要なことだが――男が女を演じるのは、実は、罪を犯すような、観ている人をわくわくさせることなのだ。

昨今では、次第にその境界の壁が低くなり、他方「性同一性障害」という概念が知られるようになり、その受け取り方度合いは減じたのかもしれないが、やはり、男女の区別を犯すのは、社会的にはまだタブーなのである。それを文化の力によって、超えてみせる、というところが女方の芸にはある。

最初の問い、「あの人たちはあまり女性には見えないのだけれど」に対する、最終的な答えは、「あなたが女性に見えない女方の演技にびっくりするのも分からなくはないが、そこだけつまみ上げて言ったりするのは舞台のお約束に反していて、彼はいま、女になっているのではなく、女の役を演じているので、そのつもりで見てみましょう」ということになろうか。こうした「お約束」を身につけるのもまた、歌舞伎見物と限らず、「文化」を楽しむ基本なのである。

さて、女方のポジティブな面を言わねばならない。まず、どうも、昔から、女方は、見た目はなかなか女には見えなかったらしい。歌舞伎の歴史などは端折《はしょ》って始めたこの本であるが、江戸時代の前半（一六二九年）に女性が舞台に上がることが風紀紊乱《びんらん》として禁じられ、それから男性だけで「やらざるを得なく」なった事情があって、元々は男が女を演じる難しさは、歌舞伎の「欠点」であった、とも言えよう。一説によると、明治以前、女方の見かけはもっとグロテスクだったたという。確かに、明治の頃の女方の写真には怪異なものもある。あの写楽の描く女方は、まことに男が女を演じているのがありありと見て取れるのだから、昔もああ見えたのだな、と分かる。しかしその頃は、小屋の中で、基本的には窓明かりの外光だけでやっていた。そのあと照明が発達して、もっとはっきり見えるようになって、「ぱっと見」が問題になってきて、それに対抗して、より女としての見栄えや、化粧法やらで、女に見せるのが明治以降、進んだかもしれないのだ。

さてさて、そうは言うものの、ピンチをチャンスに変えるのは歌舞伎も得意で、男が女を演じざるを得なくなり、何をしたか、というと、あの、男性上位が社会的な規範であった江戸時代に、舞台上では女性を大活躍させたのだ。このことに案外、人は気づいていない。僕の卓見かもしれない。

歌舞伎で一番有名な演目は忠臣蔵であろうが、もっぱら大星由良之助《おおぼしゆらのすけ》（歴史上の大石内蔵助《くらのすけ》）とその配下たちが、敵を討つこの話で、史実としては女など出てこないのに、最初から最後まで、女が男と同等の存在感を持っているのだ。ことにそのクライマックスの「九段目《くだんめ》・山科閑居《やましなかんきょ》」という、全歌舞伎の中でも重要とされる演目は、なかばまでは、もっぱら、二人の妻によるドラマである。こうした、芝居の柱になる女性の役を演じるときには、男性本来の体の強さと大きさと、男が女を演じる変身の迫力がものを言い、その達する演技の高みは女方ならではのものとなる。歌舞伎を普通の俳優たちがしない、出来ない理由の、大きな一つは、そこにあるだろう。普通の女優では、女方の演技の厚みに太刀打ちできない。『国性爺合戦《こくせんやかっせん》』という歌舞伎を、先代の松本幸四郎と女優の山本富士子が演じているのを見たことがあるが、あの、山本富士子の美貌《びぼう》と迫力（素顔を見かけたことがあるが、常人ではなかった）をもってしても、彼女の演じた錦祥女《きんしょうじょ》という役はちゃちに見えた。もし女優が歌舞伎を演じるとしたら（僕はその可能性も期待しているが）、演技をその女方の迫力という点から考え直さねばならないはずだ。

ことに、のちに説明する、「踊り」では、男性の舞踊手が持つ身体の強さと体格の大きさが、舞台上の動きの強弱を生み、同時に、美しい着物も大ぶりに見えるという強みが発揮される。

本当は、ここの説明には、抜けているところがある。それはいまの歌舞伎の主要な演目のかなりのもの、たとえば忠臣蔵が、元は人形浄瑠璃《にんぎょうじょうるり》（のちの文楽《ぶんらく》）で演じられていて、その台本が歌舞伎に持ち込まれたものであることを説明に入れなければいけない。

人形浄瑠璃は、女の首《かしら》の人形で演じればいいのだから、歌舞伎の持つ「女方」の困難はない。だから、女方の演技の大きさがあって、忠臣蔵という歌舞伎が出来た、と言わんばかりの僕の説明はおかしいことになる。いや、そうではないのだ。人形の場合は、男であろうと女であろうと、それこそ、口の裂ける化け物であろうと、それに合った人形の首を作り、使うことで、舞台の虚構性《きょこうせい》を作り上げることが出来る。その人形浄瑠璃の筋立て、台本を歌舞伎に持ち込めば、生身の人間が演じなければならない困難が生じるが、その苦境を乗り越えたからこそ、歌舞伎の「演技」というものは、人類の演劇の歴史の中で、特筆すべき高さに達したのだ。歌舞伎が男の観客によって語られると、女方、「妖《あや》しい美」とかいってとらえられがちだが、同じくらい、女性の観客を、女役の意志の強さと、また哀れさとで共感させることが出来た、そのときに、女方は成立したのである。

目に映る色と形、耳に響く音

◇劇と踊り――時代物と世話物、荒事と和事

　幕の開いた舞台上には何が起きているか。「劇」か「踊り」のどちらかである。歌舞伎の演目は劇と踊りの二つに分かれる。セリフ中心で、物語がどんどん進んでいくのを「劇」と呼んで、音楽中心で、次々といろいろな場面が身振りと共に繰り広げられるのを「踊り」と呼ぼう。いま劇場で演じられる歌舞伎の演目、すべてのうち、三分の二が「劇」で三分の一くらいが「踊り」である、といえようか。だから、こうやって、初めて歌舞伎を見に来ると、プログラムに三つくらいの演目が並んでいると、そのうち一つは踊りだったりするわけだ。

　でも、ときには昼の部や夜の部のそれぞれが一つの物語でまとまっていることがある。または昼の部から夜の部まで、延々と一つの物語、たとえば『忠臣蔵』がその発

端から最後の討ち入りまで演じられていることがある。そんなときも、あいだに一幕、踊りがあったりする。この劇と踊りの組み合わせは、いかにも「歌・舞・伎」という字面に合っている。

そのうち「劇」のほうはさらに二つに分かれる。「時代物」と「世話物」と呼ぶ。「時代物」とは「時代劇」とは違う。舞台は室町とか平安とか過去の時代に置いていているがそれはお上《かみ》をはばかってのことで、江戸時代の人にとっては「いま」の劇なのだ。ただ出てくる人々は町人ではなく、武士や姫である。そうした時代物は、有名な平家物語とか、よく知られる昔の史実、伝説などを下敷きに描かれている。それは幕が上がるとすぐに分かる仕掛けになっている。大道具によって作られたセットは、宮中や殿中、武士の居間と、豪華で格式張っている。演者も、金襴緞子《きんらんどんす》の鮮やかな衣装で、役者自身が浄瑠璃のような、独特の、「歌」うがごとき節回しでセリフを語る。

「世話物」のほうも、二十一世紀の私たちには「時代劇」なのだが、江戸時代の人にとっては「現代劇」であった。場面は、多く、庶民の家、農家や長屋である。そこに出てくる人物は、普通の調子で会話を行う。といっても、昔の普通なので、これもいまの普通とは違うし、江戸時代の人にとっても日常のしゃべり方とは違って聞こえたと思う。いまの「現代劇」だって私たちには、「ああはしゃべらないよ」と思えるだろう。要するにそれは舞台上の話し方で、いずれにせよ、普通とは違う。

　そういえば、歌舞伎を初めて見る若者の中には、「案外セリフが分かる」とびっくりするものがいる。それはこうした世話物を見たときの印象である。物語も市井《しせい》の悲喜劇、人情のやりとりが描かれる。さらにその思いやりと怒りとが、ドラマとしてこんがらかってきて、いまの私たちにも「あるある」感を持たせる。着ているものも時代物と比べると豪華ではないが、ときに役者は粋でスタイリッシュな出《い》で立《た》ちで現れ、その時代のファッションを映し、また、ファッションを作った。

　この時代物と世話物の二つは、歌舞伎の演目を中身のトーンで分けたときの種別で、そこはエンターテイメントだから、目を驚かせ、喜ばせるために、時代物の中に、突然回り舞台で、奥御殿の場面から農家の庭先に転換させて世話物が入り込むときもある。しかし、それは、英雄の一人が世を忍ぶ仮の姿で……となるわけで、劇全体としては時代物だったりするのだ。

　別に、見ていて、これが時代物で、これは世話物と分からなくてもよい。初めての歌舞伎見物で、幕が開くと突然、王朝絵巻物が始まったかと思うと、次の場面では同じ主人公が町人姿で長屋を掃除していたり、と、何が来るか分からないので、だいたい二つのどちらかですよ、とあらかじめ知っておいたほうが心の準備になる、と思い、ここにお知らせしている。

時代物と世話物は、筋立てとシチュエーション、それに付随して演技も違ってくる二つのジャンルだが、他にも、歌舞伎を「荒事」と「和事」に分けることも出来よう。これは物語の舞台の違いというより、演技の質からの分類だ。

このあたり、長々と説明するのはこの本にふさわしくない。そこで、手短に荒事を音で表してみると、「ばりばり、きびきび」となる。物をばりばり打ち破っても平気な子供の無邪気さで、きびきびと華やかに折り目をはっきりさせて動き、声を発する。なるほど、こう書いていると、いまの市川海老蔵というのが、生まれもって、この荒事に向いていていて、初代の市川団十郎が始めたというこの演技の継承者にふさわしいことがよく分かる。

和事のほうは、もっと説明するのが難しい。音で表せば「なよなよ、ふわふわ」か。といってもただ弱っちい男、ただ愛らしい天然の女の子、というわけではない。専門家は「なよなよ、ふわふわ」には多いに異論を出すことだろう。「なよなよ、ふわふわ」

だと足りないのは、「意地」とか「粋」とかいうものだろう。こうなってくると、「粋」など『「いき」の構造』（九鬼周造《くきしゅうぞう》）という古典があるくらいで、もはや、絶えて久しい感覚かもしれないのだから、何とも説明しにくい。それでもこう言おうか、和事とは上方の歌舞伎の中から生まれてきた、遊里で遊ぶ、傾城と客のじゃらじゃらっとしたふるまいから抽出されてきた、舞台上の媚態《びたい》の表現である、と。

ま、早く言えば、歌舞伎には、江戸から生まれた大きな子供のような荒事と、上方で生まれた無為の遊び人のような和事と、二つの対極的演技があって、その間にのちの工夫が積もり積もって、歌舞伎という全体の「芸」になった、ということになろうか。

◇歌舞伎は音楽劇である

歌舞伎を劇と踊りに分けたところに戻る。今日見る演目に踊りがあるとして、その踊りというものの、中身はどうなんだろう。

踊りにも時代と世話、荒事や和事はある。それらは、場面によって時代物だったり世話物になったりする。踊りの振りにも、荒事的だったり、和事的だったりするものがある。踊りとは、そうした歌舞伎のいろいろな要素が、三十分から一時間くらいの演技の中に、模様のように織り合わされて、物語ほどの展開はないが、エピソードが表現される。そこを見ると、踊りは歌舞伎の「劇」の圧縮版のように思えるが、実は話は逆なのだ。踊りが歌舞伎のエッセンスであり、その核心から歌舞伎というスペクタクルの世界が広がっているのだ。

歌舞伎の世話物の中には、いわゆる現代のストレートプレイ（普通に考えられている、突然歌いだしたりしない劇）に近いものもある。しかしどんなに普通のセリフ劇のようであっても、その底には「音楽」がある。この音楽がある、という点が歌舞伎だ。

歌舞伎の音楽とは、第一に、いつも舞台に流れている、三味線を中心としたバックグラウンドミュージックのことである。しかしそれ以上に、歌舞伎に音楽がある、とは、役者のセリフや動きは、どんなときでも、音楽的に行われている、という意味である。舞台上の演者は、いつも聞かせるようにしゃべる、朗唱している。幕末、明治になって、黙阿弥《もくあみ》という人が七五調のセリフで観客を陶然《とうぜん》とさせたが、そんなにはっきりしてなくても、音楽がいつもそこにある。おそらく歌舞伎以外の俳優を舞台にのせて、あまり重要でもない、たとえば、「ちょっと待て」といったセリフを使わせたら、その違いがはっきりするだろう。
彼には歌舞伎の音楽が染みついていないので、そこだけ歌舞伎ではない、脱色された白黒写真のようになるはずだ。体の動きも同じである。歌舞伎では役者は、誰でもすたすたとは歩かない。すたすた歩いてきたときも、ふっと立ち止まったり、次第に小走りになったり、そこには音楽、歌舞伎のリズムがある。脇役でもそうだし、時代物の主役などは、出てきてからそこを去るまで、始終、静のときは何らかのポーズを取り、動のときは、動線の乱れないふるまいを行う。それ全体を観客は楽しむことになる。

歌舞伎は全体として何に似ているか、といえば、いまの人になじみのものではミュージカルに似ている。歌あり、踊りあり。ただ歌舞伎はミュージカルのように突然踊りだしたりはしないし、突然歌いだしたりはしない。いつも舞踊の身ぶりをし、いつも朗詠している。オペラには、話し言葉のセリフを歌うように語る、レチタティーヴォという朗唱法《ろうしょうほう》があるが、あえて言えば、それが歌舞伎のセリフ回しにもっともよく似ているか。

歌舞伎の音の風景

幕が開くと響いてくる、歌舞伎の「音の風景」、サウンドスケープがある。結局、歌舞伎好きにとっては、暗い劇場の座席にもぐり込んでいると、しだいに身と心を浸してくれるあの音が、歌舞伎という独特の体感なのだ。それに浸りながら、目の前の極彩色の恋模様を眺めたり、しっとりとした人情を味わうのがたまらない、という仕掛けだ（ここからはさらに、だいぶ理屈っぽいが、書いてきた流れで仕方ない。面倒くさい人は前と同じで次の幕、「第五幕　幕が閉まった」まで飛ばしてもよい）。

歌舞伎舞台の音をあえて分けると次の三つになる。

1. 伴奏音楽
2. 下座音楽と効果音
3. ツケとかけ声、そして、「じわ」

◇伴奏音楽

伴奏音楽というのは歌舞伎用語ではなく、ここで僕がそうひとまとめにしたのだが、これは、前に歌舞伎の演目を「劇と踊り」の二つに分けた内の、踊りのときには必ず出てくる。楽器と声楽の演奏家が裃《かみしも》や袴を着けて、舞台の上に横に並んで座る。三味線《しゃみせん》、小鼓《こつづみ》、大鼓《おおつづみ》（おおかわ、とも読む）、太鼓《たいこ》、笛が奏でられ、歌い手が歌う。それに合わせて踊り手が舞い、踊るのだ。舞いと踊りの違いは面白いが、議論がしつこくなるので、ここでは省く。「舞踊」とひとまとめでよい。

歌舞伎の伴奏音楽は、長唄《ながうた》、常磐津《ときわず》、清元《きよもと》、義太夫《ぎだゆう》、と四つある。それ以外のこともあるが——たとえば、「助六」という人気演目を市川団十郎家が演じるときは河東節《かとうぶし》という流派の音楽が演奏される——それはまれで、ほとんどこの四つである。この四つの違いは長年聞いていると分かる。

長唄が一番伸びやかで普通にいわれる「歌」に近い。何かよきことや悲しいことを「歌い上げる」。常磐津、清元、義太夫は、ある話を「語って聞かせる」。これ以上の説明は中級者編になるので、ここでは省く。あくまで今日初めて歌舞伎を観るのなら、歌う、と語る、の違いとか、舞う、と踊るの違いとか、は当面追求しなくてもよい。

初めて歌舞伎の舞踊を観る人にとっては、伴奏音楽の違いは、むしろ演奏家たちの座る場所かもしれない。舞台上のいろいろなところに鎮座しているのだ。

長唄は正面に雛段があって、そこに座る。幕が開くと、ずらっと、二〇人ほどの人が並んでいるので華やかだ。他の三つ、義太夫、常磐津、清元は、舞台の横、上手か下手に客席に斜めに向かって、義太夫は上手の中二階のような場所（70頁の図参照）か上手の「床《ゆか》」という台に、常磐津と清元は山台《やまだい》と呼ばれる台上に演奏家は座っている。清元と義太夫は、観客から向かって右側（上手）、常磐津は左側（下手）に座る。ここには何か理屈や歴史があるのだと思うけれど、私はその理由を知らない。いま事典などを調べて書いてもよいが、当面そういう「うんちく」は要らないというのがこの本の方針なので、調べないことにする（調べると案外、ある時の実際的な都合でそうなって、そのあと「伝統」になっていたりするものだ）。

幕が開いて、ふだんの舞台に白木の「所作台」と呼ばれる鮨屋のカウンターのような綺麗な板が敷き詰められて、演奏家が正面や右手や左手に居並んでいたら、舞踊が始まるのだな、と思えばよい。歌（唄のほうがよいかもしれないが気にしない）は、聞いていてもその言葉はほとんど分からない。初めはそれでもよい。歌舞伎座で言えば、満員の客の中で、正確に歌の言葉を追って聴くことの出来る人は数十人いるかいないかだろう。踊りや歌を習ったことのある人、専門家で知っている人だけが、聞き取れているのだ。

しかし、所々、何かが聞こえてくるのだ。言葉の切れ切れ、色っぽい、しゃれっぽい、悲しいことを言っているのだな、というのが曲調と共に分かる。それでよいのだ。年末の紅白を聞いていて、何を歌っているのか分からなくてもよいのと同じである。声振り絞って、「…一日会わねば…」と語っているのが聞こえてきたら、「会わないとつらいと言っているのだろう」、と舞台上の場面と総合して分かればよい。あなたが、「なんだか気分がよい」、と楽しめればまずはよいのだ。

伴奏音楽の説明はもう少し必要だ。それは歌舞伎では、舞踊ではなく劇にも演奏家が現れることがあるからだ。人形浄瑠璃から歌舞伎に移った演目がそれだ。その演目が出来た時、義太夫節に合わせて人形が遣われ、劇が演じられていたのが、歌舞伎がその演目を取り入れて、上演するとやはり義太夫が伴奏として舞台上で演奏されないと、うまく劇が進行しない。

また、その語りとメロディーの伴奏音楽があって、初めて、情感が盛り上がる。それゆえ、人形浄瑠璃由来の演目では、舞台上の上手《かみて》（右手）に義太夫語りと三味線奏者が現れる。場面によっては、演奏者は姿を現さず、前述の上手大臣囲《だいじんがこ》いの上方、中二階の小部屋のようなところ、すだれに隠れるようにして語ったりもする（歌舞伎って不思議だね。舞台上でこんな空間が使われるのは、オペラの前衛的な演出のときくらいだ）。

こうした義太夫の演奏のある演目（「丸本物《まるほんもの》」というが）は非常に多い。誰もが知っている「忠臣蔵」がそうである。他にも歌舞伎の古典的名作、といわれるものの、半分くらいがこの、義太夫節を伴奏音楽とする演目である。

この丸本物では、おおよそのところ、元々の義太夫演奏の、人物が発言する台詞《セリフ》の部分は役者が発し、情景などの説明の部分は、義太夫演奏家が三味線と共に語る。不思議なやり方である。ま、漢字仮名混じり文のように、熟語や主だったところを漢字にしてあとは平仮名、という不思議な方法を編み出した日本だから、こういう折衷方法はあるのだな。上手の義太夫の演奏家たちと、舞台の役者とが、言葉を受け渡ししながら、劇を進行させていく。

四百年もさまざまなことをやってきている「歌舞伎」には、他にも「手法」がわんさと詰まっているのだ。そうしたことも、イヤホンガイドが教えてくれるかもしれないが、なるほど、と思っていればそれでよい。歌舞伎見物では「知らない」のは罪ではない。

◆下座音楽と効果音

下座音楽は、舞台の下手《しもて》（左手）の黒い面で囲われた、一部が「御簾《みす》（すだれ）」になって内側からは外が見える、そんな場所で演奏される。西洋のオペラやミュージカルでは、客席と舞台のあいだにオーケストラピットという場所があって、そこで伴奏の音楽が演奏されるが、歌舞伎の場合は伴奏は二種類に分かれていて、いま説明した演奏家が舞台上で行うものと、この「黒御簾《くろみす》」と呼ばれる小部屋の中で演奏されるもの、の二つだ。

ただ、この黒御簾の音楽家たちは、楽曲の演奏だけでなく、効果音も担当している。下座音楽は、オペラ、ミュージカルの伴奏音楽より、映画のバックグラウンドミュージックに近い。映画では悪人が背後から襲いそうになると、何やら怖い音楽や効果音が鳴り響くが、あれである。

これは歌舞伎が好きな人にとっては、体の中に血肉化している。別に下座音楽の名前をいちいち知っているのではないが、「どろどろどろ…」と太鼓が鳴ると、あ、幽霊が出てくるな、と分かるのである。ちなみにこの音の名前は「どろどろ」である。他にも、少し間隔を置いた感じで、「どん・どん・どん」となると雪が降っている、と分かるのだ。この二つは描写としての音なのだ、と納得しやすいが、たとえば、武家屋敷の大広間のようなところで、女性が二人しんみりと会話している、こんなときにも、「合方《あいかた》」と呼ばれるバックグラウンドミュージックが奏でられている。歌舞伎が好きで昔からときおり観ている、といったファンも、ここを読んで、そうそう、とうなずかれたであろう。いわゆるストレートプレイ、には、こうした音楽はないのだ。劇の「ハムレット」ではセリフの裏で音楽が鳴ったりしない。しかし、映画の「ハムレット」になると、とたんにバックグラウンドミュージックが入る。歌舞伎は、昔から、ある意味で「劇」の先端を行っていて、使える技術を総動員して、観客の情感を刺激する、映画のような総合演出性にあふれていたのだ。

◇ツケとかけ声、そして、「じわ」

ツケ、とかけ声は、こうした音楽のあいだに差し挟まる、「効果音」、「合いの手」である。歌舞伎の音の風景の中では、小さく、短いものだが、なくてはならない。

ツケについては前にお話しした。クローズアップ、強調である。それによって、舞台面が、一瞬、静止する。映画の技法にも強い影響を与えた。かけ声も似たところがある。しかし、歌舞伎のかけ声は、声援とは違う。たんなるひいき役者への声援だと思って、やたらにわめく客がいるが、困ったものである。かけ声は芝居の一部であり、芝居を進行させる音なのだ。かけ声をかける人は、一緒に舞台を作っている。間《ま》を外したかけ声は、役者を困らせる。

歌舞伎のサウンドスケープとして最後にもう一つ付け加える。それは観客から発せられる「じわ」と呼ばれる音である。観客から発せられる拍手、あれは声援と一緒で、かけ声のような構成要素ではない。それに対し、「じわ」とは、観客が極度の感動のあまり、鼓動が早くなる、息をのむ、身震いする、そして息を吐く、そうした小さな、肉体の発する波動が千と集合されて、客席から舞台へ立ち上って行くときの音である。

これは構成要素と言ってよい。それは無意識のもので、誰、と言うことなく、劇の空間全体が生み出す音と考えることが出来る。

はっきりとした「じわ」は滅多に聞かれない。ちょっとしたため息なら部分日食みたいなもので、時々あるが、皆既日食級のものは、僕はまだ三度しか聞いたことがない気がする。一度は、一九六七年、玉三郎が『紅葉狩《もみじがり》』という舞踊の小さな役、野菊というのに扮したとき。この時は、劇場の一階席が「あれは誰?」の私語で、「教室崩壊」のようになった。二度目は、国立劇場が開場して、歌舞伎ではないが、その記念公演の舞踊で、武原《たけはら》はんという舞踊家が『雪』という演目で、舞台にせり上がってきた時。三度目は今の坂田藤十郎が扇雀《せんじゃく》時代、『合邦《がっぽう》』という芝居の玉手御前《たまてごぜん》という役に扮して、花道の七三で顔を客に向けた時、である。

余談になるが、二度目の武原はんのときは、その美しさに、場内、ため息もつけず息をのんでいると、客の一人がわれを忘れたか、「綺麗ね」とかなりはっきりつぶやいてしまい、それが観客すべての耳に達したが、誰も驚くこともなく、じわーっとただ互いの波動に身をまかす態《てい》であった。

ここでひとまず幕を閉める。

【第五幕】

幕が閉まった

幕間の使い方

幕が閉まって、ほっとしたことでしょう。いや、やはり、歌舞伎は分からないことも多くて、重たいのです。だいたい舞台が広い。どんな映画館の大画面よりも広いので、観ていて疲れるのです。

そこで幕間にすべきことは多い。ただ、席に座って疲れを癒やすのだけではもったいない。第一、幕間の休憩が何回かある。そこが映画と違う。いろいろな芝居や踊りが三つ、四つと並んでいる「見取狂言《みどりきょうげん》」の方式だけでなく、一続きの芝居、「通し狂言」の方式でも、休憩が二、三回はあるのが普通だ。

そのうちの一回は、必ず三十分以上ある。「必ず」というのはそうでないと、劇場のレストランの営業に差し障るからだ。え、そんな理由？　いや、一つの大きな理由です。すでに書いたように、歌舞伎見物は、芸術鑑賞だけでなく、食事なども含んでのことですから、レストランも大事にしなければならない。もちろん幕間は舞台装置の入れ替えにも必要ですが、以前は舞台機構も今ほどは機械化されていなくて、閉まった幕の後ろで、トンテンカンテンと、装置を組み立て、釘《くぎ》打つ音がのんびり響いて、幕間も長く、夜の部がはねるのが十一時を越えて、降る雪に都電が止まり、歌舞伎座に一夜を明かす人が出たり……と、昔話はここまでにして。

◈食事とトイレとぶらぶら歩き

前に書いたように、どの幕間で食事をするのか、トイレに行くかを、スケジュールどおりにこなすのは大事なことである。持ち込んだものを食べるのか、劇場内の食堂を利用するのか、いずれにせよ、三十分あるといっても三十分しかないので、機敏に行動することが求められる。

これは、世界のどこでも同じで、歌舞伎と似たような、外国のオペラの公演などでも、幕間に食事をする人は、食べ、かつシャンパンを一本空けたりするのだから、大変な騒ぎである。豪華な食事をしている人をうらやましいと思ってまねするか、サンドイッチで気軽に過ごすのがよいのか。それは気の持ちようであるが、始終歌舞伎を観ている人ほど、結局、食事は芝居が終わったあと行きつけのところや家に帰ってから軽く食べて、劇場で右往左往するのは避けたい、と静かにしていたりする。しかし、それでは、初めての歌舞伎に、せっかく気を入れてかなりの散財をしにやってきた人にはつまらないはずだ。持ち込みの弁当（手作りもよい）であれ、劇場内食堂であれ、食事もあくまで歌舞伎見物の重要な要素と考えて臨みたい。

個人的に私の場合は、幕間時間の表示が30、25、20としだいに急を告げているのを横目に、某お弁当屋さんの、赤飯をしっかり咀嚼《そしゃく》し、お茶で飲み下すのが、歌舞伎気分を盛り上げてくれる。それを見て外国人観光客が、その「クールジャパン」に感心したことはすでに書いた。そのあいだに、歌舞伎座だと、「緞帳《どんちょう》の紹介」といって、一張り、二張りと、舞台に豪華な織物が降りてきたりするのを、眺めたりする。

持ち込みか劇場内か、と書いたが、もう一つ選択肢がある。三十分ほどあれば、チケットをたずさえ、劇場を出て、近くで食事をする、という手もある。慣れていない人は三十分で帰ってこられるのか気がかりであろう。行ったら、混んでいたりして。だから、これはやや中級者編となるのだが、慣れてきたりしたらその方法も新鮮である。劇場近くの飲食店のほうも、そうした客が来ることに慣れている。

食事とトイレ以外の幕間の使い方は何か。特に、二十分、十五分、と短い場合はどうする。基本的に、運動である。足腰を伸ばす。ロビーなどを歩きながら人びとを観察する。実際、明治時代は、劇場のロビーを「運動場」と呼んだ。ロビーにはそれぞれの劇場で、お宝の美術作品を置いていたりする。そうしたものの鑑賞もよい。歌舞伎座だと数十枚の日本画がある。名優の胸像が置いてあったりする。ちなみに、英国のロイヤルオペラハウスでは、かつての名歌手の舞台写真や、手の込んだ刺繍が施されたバレエ、オペラの衣装などが陳列されている。どこの劇場も、幕間が少々退屈なのを知っていてか、多少、気晴らしになる仕掛けを作っている。

　ことに歌舞伎座の日本画にはよいものがある。有名どころの作品が置いてあって、何度も行っているあいだに、通りすがりに眺めていても、その作品が頭にしみ込んできて、川端龍子《かわばたりゅうし》とか、一世を風靡した、いまではさほどの評価もされずにいる人の絵が、ある時、不意にその大意がつかめたりもする。美人画で有名だった伊東深水《いとうしんすい》という人の、どう見てもこれはよい出来（専門でないので本当は分からないが）と思われる絵が、すぐそこに掛かっている横でアイス最中などかじっていると、自分の家に飾ってある絵のような親しい気分が湧いてきて、美術館とは違った趣がある。国立劇場の平櫛田中《ひらくしでんちゅう》作、六代目尾上菊五郎の鏡獅子《かがみじし》の彫刻をじっと見る、といったことも、歌舞伎見物の幕間として充実した過ごし方だ。

あと、社交、というのもあろう。昔の小説には、歌舞伎見物で、遠目にお見合いをしたりする話が出てくるが、さすがにいまはないのかな。ただ、ときおり、有名人が来たりしていて、それも観察の対象である。某首相が人気高潮の折には、彼が席に着くべく入ってきたら、劇場内で拍手が湧き、逆に僕の横の女性は、「何よ」と反発をしたり、そういったことも、幕間の座興と言える。

歌舞伎好きの人のブログを読んでいたら、「あらー、来てたんだ」というぐあいに知人に会いたいもの、と書いていたが、そういうものだ。ばったり会って、ちょっと歌舞伎とは関係のない話をして、そこでそそくさ別れる、というのも、十五分ほどの短い幕間の使い方として、よいものだ。

◇買い物の楽しみ

とかく何かにつけてお土産を買うという習慣は日本列島の伝統だが、伝統芸能を鑑賞するときの行動としてもふさわしい。僕はそうした買い物はほとんどしないのだが、それでも、以前だったら千代紙、最近はぽち袋を買ったり、たまに人形焼きを買って、そこで立ち食いしたりする。

歌舞伎座に初めて来たころ、その人形焼きが実演されていたりして、ずいぶんと驚いた。国家的古典芸能の劇場内で飴細工がされたり、今川焼きが焼かれていたり、デパ地下のように、佃煮に楊枝が刺さって試食品になっていたりするのはやはり違和感があったものの、そうした庶民的な感覚で歌舞伎を見に来る人もいるんだな、というか、そういう人が「主たる観客」であることを知らされたのだった。

ただし、そういう人ではない、「大学生」のような、「インテリ」のような人たちも、歌舞伎と限らず、能、文楽で主要な観客層になって、もう、たぶん百年もたつのだ。あとでそのことをくわしく述べることになるが、漱石《そうせき》を歌舞伎見物に誘った若き高浜《たかはま》虚子《きょし》などが、「近代」の観客としては、主流の一つなのだ。しかし、それはかなり「東京」的な現象らしい。昔から、関西の観客は凄いぞ、といわれている。上方ではほとんど物見遊山と変わらぬ、客席に弁当を広げた花見みたいな観劇風景があった、と聞いている。要するに相撲の桟敷席でいまも繰り広げられている楽しい光景が、劇場の椅子席でも見られた、らしい。僕は見てないが。確かに、いまでも、京都の南座などに座っていると、周りの客が、ほんとに濃厚に「おばさん」的で、「鑑賞するインテリたち」とは違うことに気づかされる。

　買い物に戻って、二幕で書いたのだが、歌舞伎座の外にある、地下街の「木挽町《こびきちょう》広場《ひろば》」は、確かに松竹が成功させた、歌舞伎見物慣習のリバイバルである。僕などは、そうした縁日的な買い物をするのが身についていないので、その盛況にびっくりする。

　ただ、劇場の中で、限られた時間で買い物をしたりすると、どうしても次の幕に間に合わなくなったり、芝居進行に差し支える、といった実際的な問題もあったのだろう。そのあたりのことも考え、芝居の賑わいと「伝統」を合わせて、歌舞伎にチケットを買ってきた人でなくても楽しめる「マルシェ」風の場所を作ったのは興行主として、卓抜な着想である。歌舞伎の歴史はそうした、商魂と芸のない交ぜによって、ダイナミズムを保ってきたので、これはまた、一つの歴史的成果である。

歌舞伎は、低級な人類の学芸会か

◇このあたりで帰りたくなったら、どうする

ここで大問題である。歌舞伎グッズを買ったり、果ては、帰ってからのお総菜（まで売っているのだ）を買うような人にはあまり起きないことなのだが、会社に取引先から回ってきた切符で送り込まれた若手サラリーマンなどには、一応、「歌舞伎座に行きました」、と報告出来るところまでは座っていたけれど、幕間になると、さらにこのあと、この苦痛を耐えるかどうか、という問いが浮上する。

この本は、初心者を読者と想定して、最初の体験でびっくりしないように、普通の歌舞伎入門とは別の気配りをしたつもりだが、それでも重要なポイントがまだ抜けている。いかにして古典芸能鑑賞の退屈に耐えるか、いや、そうした退屈がやってくるのを未然に防ぐか、についてまだ書いていなかった。

歌舞伎は退屈か、といわれれば、まずはイエス、と答えざるを得ない。はい、退屈です。話はだらだらするときがあるし、動作もセリフも緩慢なときがあるし、その動きも言葉も分からないことが少なくはないのだから、これは退屈になっても仕方ない。

僕が初めて見たときどうだったたか、と聞かれれば、実は、まったく退屈ではなかった（！）　最初から最後まで面白かった。でも、退屈な気持ちはよく分かるのだ。こう言えばいいか。最初の頃は退屈なことが分からず興奮していたが、次第に退屈さに気がついた。むしろ始めから退屈が分かる人は凄いな、と思う。僕はだまされやすいのか、そこに気づくのが遅かった。

逆説的に書いているのではなく、僕が初めて見たのはまだ十代半ばで、舞台上の人、色、音に幻惑されて陶然としたのだ。しかし、よい大人になれば、だんだんと、ストーリーは「無理筋」だし、子供だましのような、老人だましのようなセンチメンタリティーにあふれているし、大仰な仕掛けといってもハリウッドのパニック映画などとは比べようもなく、元から特定の役者の誰それに好感を持っているのでなければ、忙しい若手サラリーマンが、幕間に、ふと帰ってしまおうか、と誘惑に駆られるのはよく分かる。例として「若手サラリーマン」を挙げたのは、これを書いている数日前の歌舞伎見物で、遅れて二幕目からやってきた前の席の若者二人が、三幕目には現れずに、こちらは視界が開けて見やすくなった体験をしたばかりだからだ。

さぞかし苦痛だったたろうと思う。そこで書きたいのは、まず、いい大人になった僕も、前より歌舞伎が退屈になっているということ、劇評家たちが固まって観ているのをときおり見かけるときがあるのだが、彼らですら（か、見過ぎている彼らだからか）、ときおり、眠そうな目をしているのを見かけること、だからもしあなたが退屈になっても不思議はないし、そして退屈でないようにする方法がある、ということだ。

◇漱石の問い──歌舞伎は低級な人類同士の楽しみか

まず、なぜ退屈かを考えよう。そのために、高名な作家の「歴史的発言」を取り上げようと思う。夏目漱石が高浜虚子に誘われ、歌舞伎を見て、こう言った。

「その特色を一言《げん》で概括したら、どうなるだろうと考へると、（中略）極《きは》めて低級に属する頭脳を有《も》つた人類で、同時に比較的芸術心に富んだ人類が、同程度の人類の要求に応ずるために作つたものを遣《や》つてるからだらうと思ふ。」（一九〇九年、「明治座の所感を虚子君に問れて」）

国民的作家漱石の、国家的芸術である歌舞伎の評価は、うーん、と唸《うな》りたくなるほど低いのだ。まず、漱石はかんしゃく持ちなので、ときおり、言い過ぎることがある。自分でも感じていて、この文章を書いたあと、いろいろな人から、反論、忠告されたらしく、そのすぐあとに書いた「虚子君へ」という文章の中で、

「あの劇がね、私の巣の中の世界とは丸で別物で、しかもあまり上等でないからだらうと思うんです。かう云うと、役者や見物を一概《がい》に罵倒する様でわるいから、一寸《ちょっと》説明します。」

と反省をしながら、自説を展開するのですが、かんしゃく持ちによくあるように、謝るんだけれど謝っている内にやっぱり居直って、

「初菊《はつぎく》が、あんまり聞えぬ光《みつ》よし様とか何とかいふ所で品《しな》をしてゐると、私の隣の升《ます》にいた御婆さんが誠実に泣いてたには感心しました。あのくらい単純な内容で泣ける人が今の世にもあるかと思つたら難有《ありがた》かつた。」

とずいぶんの皮肉を言ってしまう、顚末《てんまつ》になっている。

漱石のかんしゃく持ちの性格はさておき、かんしゃくの種になるようなところは、確かに歌舞伎にはある。だらだらと分からないことをしゃべり、分かってみるとたわ

いもない筋を大げさに演技する。こう書けば書けないことはない。

最初に書いたことだが、人にはタイプがあり、趣味も違う。演劇というものが肌に合わない人はいるのだ。前に触れたように、夏目漱石並みに聡明な養老孟司さんが、「僕は劇というものが面白い、というのが分からないんだ、姉は面白いらしいけど」と言った。

漱石、養老さんという知性の高い人がそれだけ興味を示さない、ということは、歌舞伎が面白くないと感じるのは、知性のあるなしの問題ではないようだ。劇は面白くない、歌舞伎は「低級だ」と感じる人がいてもおかしくない。

安心していい。僕自身は、演劇なら何でも好きで、劇がつまらないというのは分かりにくいところがある。

しかし、舞台の上のものなら嫌いなものがないという僕のほうは、劇を離れたら、昆虫好きの養老さんと違って、昆虫には何の興味もない。若干気持ち悪い。だから、人によって、歌舞伎が好きになれない人がいてもおかしくないのだ。中には、演劇の中に好きなのはあるが、歌舞伎はダメだ、タカラヅカはダメだ、という人がいる。それも趣味の問題、感性の問題で、それもありだ。

◇退屈の退治法

さて、「退屈でないようにする方法がある」と書いた。それは何か。まず、なめてかかること。古典芸能、なんて思って尊敬したりはしないこと。「へー、こんなことするんだ」と、ぼんやり見る。懸命に集中して分かろうなどとしない。ツケの音が聞こえたり、「うぃたやぁ（「成田屋」の訛《なま》り）」と分からないことを叫ぶ人がいたら、「あぁ、驚いた」と思えばよい。

元から、歌舞伎が面白いのは時々だ。一貫して面白いわけではない。もちろん人によって違いはある。少年期の私は、歌舞伎の頭からしっぽまで美味しかった。しかし普通は、美味しいところだけちょっと食べればよい。それは見ていると、そんな、笑ったり泣いたり、緊張したりするようなシーンがやってくる。ぼんやりとでも役者を見ていれば、彼らはつねづね鍛えているから、こちらが「おっ」と思うような体の動きをする。スポーツ選手と同じだ。

舞台上に派手な音で絢爛《けんらん》たる衣装が出てきたら、祇園祭の山車《だし》が出てきたと思って「うわー」と思えばよい。役者が声を張り上げたら、ちょっと集中して聞いてみる。

プログラム（筋書き）を見ながら、どれが誰なのかを探すのもよいだろう。イヤホンガイドの言うとおりなのかを見張るのもよいだろう。たとえ眠気に襲われて、途中寝ても仕方ないのだ。能などは、能楽堂にやってきた観客の三分の一は、一曲全体のどこかで眠っている。ただし、いびきはかかないように。

そうやって、観光地で面白そうな景色を探すように、動物園で、お気に入りの動物を見つけるように、全体を見渡していればよい。あとで書くが、こんな拷問は今日一回限り、と思えば、上演中ずっと緊張して、我慢出来ずに次の幕間で帰る、なんてことはしなくてすむ。退屈な授業への対処法と同じである。

だが、と言いたい、あなたが歌舞伎にはまって、「あのくらい単純な内容で泣ける人」になる「可能性」は常にあるのだ。それは、予測が付かないことで、いままでにも僕が連れて行った中で、意外な人物が歌舞伎を好きになっている。

僕自身は、歌舞伎めった切りの漱石が書いた『坊っちゃん』を読むと、清《きよ》（坊っちゃんを可愛がってくれた下女のおばあさん）からの手紙を読むところで不意に涙が湧く。ちょっと長いが引用する。

「すると初秋の風が芭蕉の葉を動かして、素肌に吹きつけた帰りに、読みかけた手紙を庭の方へなびかしたから、仕舞ぎはには四尺あまりの半切れがさらり〳〵と鳴つて、手を放すと、向ふの生垣迄飛んで行さうだ。おれはそんな事には構つて居られない。坊っちゃんは竹を割つた様な気性だが、只肝癪が強過ぎてそれが心配になる。……」

あの世の漱石は、僕がここを読んで泣けば、やはり「こんなところで泣くのか」と驚くかもしれないが、人がどこで泣くか、は意外なものである。直前まで分からない。漱石自身このあたりの坊っちゃんと清の情感のやりとりを書いていて、泣く、とまでは思わなかったろうが、「ちょっといいぞ」と思っていたのではないか。彼が素晴らしいキャラに仕立て上げたその「清」は、「隣の升《ます》」で「誠実に泣いていた」御婆さんそのものであり、「誠実に」という言葉は皮肉なだけでなく、そこまで泣けないながら、漱石自身の心の内にもそうした情感がうごめくのを感じてのものであろう。

つまり、後の章でも書くが、僕の見立てだと漱石は、歌舞伎に「はまる」一歩手前で、無意識にはまらないように、嫌いだ嫌いだ、と言っているのだ。人が嫌いだと言っていた異性に、あるとたん惚れてしまうことはよくある。「極《きは》めて低級に属する頭脳を有《も》つた人類で、同時に比較的芸術心に富んだ人類が、同程度の人類の要求に応ずるためにこしらえたのが歌舞伎だ、との言い方は、「低級」になる心地よさが漱石に迫ってきているのを振り払っている、としか読めない（漱石があまり好かなかった兄たちが歌舞伎好きだったことへの反発もあろうか）。

『吾輩は猫である』では、漱石はかなり低級で強引な笑わせ方をしている。ぼくはあの小説を読んで笑う人は、相当のインテリか、相当低級かどちらかだと思っている。インテリと低級は紙一重なのだ。ちなみに僕は「猫」はところどころおかしいと思うが、かなりの部分は古びて冗長だし、それを面白い、と言う現代のインテリに対しても「誠実に笑っていたには感心しました」と言いたいところである。

ポイントは、はまるかはまらないかは紙一重で、あなたがそうなるかどうかは、あらかじめ予想することは出来ない、ということだ。もし、観劇の最後の最後に急に面白さがこみ上げてきたりしたら、歌舞伎が一生の財産になるかもしれない。だから、ぼーっと見ながら、最後の幕まで椅子の上に居続けてほしいのだ。

◈大がかりなムラの学芸会

別の見地から、なぜつまらないか、しかし、面白くなるかもしれない、というあたりを、だめ押ししておく。

まず繰り返すと、男女の差、というのはありそうだ。『虫愛《め》ずる姫君』という古典もあるが、やはり前にも書いたように、女性は、昆虫採集より、舞台の方が好きそうだ。彼女たちは夢のような話や光景に心をゆだねることが出来る。ひるがえって、男性は、特に、中年、壮年男性は、切った張った、のビジネスをやっていたりすると、作り話なんかばかばかしくて見てられないという気分になるのだろう。だから芝居好きになるには、その魅力に少年期に犯されるにしくはない。だとすると、前述の男性サラリーマンには、もう歌舞伎好きになる芽がないのか、というと、そうでもない。いちど懲りたのち、老年になると、人間も熟成されて、また作り話に心を許す気分になるかもしれないのだ。

僕の周りにもそういう人がいる。かねてより、妻が歌舞伎を非常に好いていたのだが、話を聞いてもやらなかったところ、退職して暇になって妻に付いていったら、存外面白かった、という人がいる。俊敏な頭が少し低級に老化したあたりが芝居の見始めになるのかもしれない。そのためには、一度若い頃に見ておくと年取ってから行くときの助けになるから、席を立ったサラリーマンふうの二人も、三十年後に再チャレンジしてほしい。そのためにも、第一回目にさんざんに懲りないように、ぼーっと見ていてほしいのだ。

それでも、漱石が「私の隣の升にいた御婆さんが誠実に泣いてたには感心しました」という皮肉を浴びせたくなる気分は分かる。好きな若手の役者が出てくると、手が胸のところに上がってきてそれがすりすりし、口を開けたまま目は動かずに吸い寄せられている女性がよくいる。たくさんいる。

いまの海老蔵などが出てくると、もう、それだけでたまらない、という顔をしている。歌舞伎が分かっているのか、と真面目な歌舞伎好きを慨嘆させるような喜びようである。ことに若い女性よりも、孫がいるような女性たちの放心状態は、異様でさえある。しかし、ある時、京都南座ではっきりと気づいたのだが、そうした静かな熱狂は、運動会、学芸会の母や祖母たちのそれであった。もう、出てきて、動いているだけでうれしくて、セリフをつつがなく言えれば拍手してしまうのだ。

◇男の見方　女の見方

ここまで書くとかなり女性に対し偏見をにおわせる発言に聞こえるだろうから、自戒はせねばならないが、「事実」はある。歌舞伎を見に行けば、七割は女性である。

役者たちはすべて男性だから、女性がファンになるのだ、と言いそうになるが、タカラヅカを見に行けば、割合はさらに、女性九割になるので、やはり、絵空事、ファンタジーへの好みは、一般的には女性のほうが強い、と言えるだろう。もちろん、ＡＫＢ48や女性アイドルグループはどうだ、江戸時代の歌舞伎はどうか、という比較を始めると、もう少し違う要素が出てくるが、女性が「演劇」というものにある強い嗜好性を示す、ということは確かに「事実」だ。

そこで、歌舞伎見物をこの本ですすめても、女性のほうは、まず一度見てみると二度見に行く可能性があるが、比べると男性のほうが一度目にも尻込みするし、リピーターになる確率は低いかもしれない。それでも歌舞伎を見てみませんか、と勧誘するとしたら、それは「生き方」にまで関わるのだと思う。日本社会の「男性的」な生き方、というものに。学芸会では父親も祖父も子や孫の応援はするはずだ。だから、歌舞伎という大がかりなムラの学芸会に、親しみを持つかどうか、には、話の筋や演技の質、といったことと共に、歌舞伎ムラのムラびとを知っているかどうかも大きな要素となってくる。最初から子や孫のような愛情を持てとすすめるのはムリだろうが、興味、関心はいろいろな形で持てるだろう。

私の経験では、男性が持ちやすい関心というものはあるのだ。まず、この役者は、ムラの中でどんな位置なのか、世評としては誰が高いのか、誰が巧者で、誰が名優なのか、といった、いわゆる「男性的」な興味、「歌舞伎役者として誰が偉いのか」といったことを、歌舞伎を初めて観る男性を連れて行く人は、解説をしてあげるとよい。それはやや「インテリ」的な見方にも通じるのであって、面白いかどうかより、演技の質が高いかどうか、そもそもこの狂言は、なぜ三百年後のいまに残っているのか、そのポイントは？　といったもろもろである。

まだ、このあたりはのちにも書くことになるが、男性の観客は必要だ。女性の観客は、やはり役者を甘やかす人が多いように思える。芝居らしい芝居（臭い芝居、といってはは身もふたもないが）をすればそれだけ喜んでくれるよい客なのだが、そのことによって、役者とのあいだに許し合いが強くなり過ぎると、中には芸の進歩をゆるがせにする役者が出てくる。

そんなのは、客の責任でも何でもないのだが、男性の理屈っぽい批判は、歌舞伎が強力なエンタメとして存在し続けるための質の維持には必要なのである。歌舞伎のブログを書いているファンでも、女性が、「『××様、命』のようなことを書いている例ているのに対して、男性は同じ演目を繰り返しみる人が多いとしたら、男性には玄人はだしの見巧者《みごうしゃ》がたくさんいる。演技、演出の違いや巧拙について、しつこく書くことが男性にとっては、快感なのだ。やはり男性は、ファンタジーの歌舞伎を見ていても、男の子の昆虫採集的な、細かな分類、比較をしだす傾向があるようだ。

【第六幕】歌舞伎見物が終わった

もう行かない人のために

最後の幕が引かれて、歌舞伎見物が終わった。ただ、まだ少し残りがある。観劇の思い出に、劇場前で記念写真——ま、これは始まる前でもよかったが——であるとか、ちょっとお茶でも飲みながら、感想を確かめ合うというのもある。しかし、夜の部だと、もう九時を過ぎていて、あらかじめ予約しておいたレストランとかでないと、流れが悪い。昼の部だったら、お茶を飲んだあと、早い夕食もあるだろう。和食の店だと、六時頃に出かけるとよい具合である。少し今日はお金を使い過ぎた、と思ったら、夕食の買い物をして、歌舞伎から帰って夕餉《ゆうげ》の支度というのも、何だか、一日の過ごし方として江戸っぽくてよいかもしれない。

いずれにせよ、寝るまでの時間、初めて見た歌舞伎、あれはなんだったんだろうと、咀嚼《そしゃく》する余裕はほしい。その余裕の中で「余韻」を確かめるのが、歌舞伎見物の最後の仕事となる。

◇あなたはなぜ「歌舞伎はもういいや」と思ったか

ということで、余韻を確かめたあとでも、「もう歌舞伎はいいや」、と思った人もいるだろう。また見たくなった方たちには、このあとに長く書くとして、まずは、残念ではあるが、ある割合の人たちは、今回が最初で最後の歌舞伎見物ということになる。何がいけなかったのか。

いままでに、もういいやと言った人から聞き取ったところによれば、三つの言葉が浮かび上がる。「興味がない」、「分からない」というのがよくある答えだが、そうは言わないものの、その裏にはもっと深刻な「合わない」が横たわっていたりする。この、単純に「合わない」、というのは大きい。

わが妻など、これだけ舞台好きの僕の横に何十年も暮らしていて、決して朱に染まったりしない。「合わない」のだ。その解決しがたい「合わない」と、それに絡み合っている「興味がない」、「分からない」について、彼女を「もう行かない」人の身近な例として、ちょっと考えてみる。

若い頃は彼女をときおり観劇に連れ出して、「つまらなかった」、とストレートに言われたり、「今日はよかった」と言われたりした。「今日はよかった」はそれでいいようだが、誘ったほうとしてはちょっとこたえる。それまで連れて行ったのもつまらなかったのか、と過去の思い出が変色するような。そこで、僕も三十半ばからは、彼女を誘わないことにした。誰でも歌舞伎は面白いだろう、と思った私がいけなかった。とても面白い演《だ》し物がある、というときはよく説明してから「どうだろう」、と提案する。彼女の「自由選択」として、行を共にする。「今日はよかった」は言わない約束で。そう決めて以降は平和である。

平和ではあるが、なぜだろう、という疑問は残る。そのあたりは、ゴルフ好きであれ、仏像好きであれ、それを好きにならない人をなぜだろう、と考える、よけいなお世話なのだが、勝手に話を進める。

家人は、すべてにわたって、歌舞伎に合わない人の特徴をよく表している。映画は好きである。さっと、比較的短い時間、二時間程度で終わって、下調べや特殊知識などなしに見られるのがよい。その中でもミステリーが好きである。筋がはっきりして、最後に謎はほどけて合理的に裁断が下される。かといって、歌舞伎が時々そんなふうに終わるように、「水戸黄門」の「首尾は上々、一件落着」的な終わり方は軽く嫌悪する。だから妻は、たとえば、コーエン兄弟というアメリカの映画作家がいるが、彼らの、考え抜かれた脚本の、エンターテイメントであるが知的で、観客にあまりおもねっていない、そして、時代の先端的で、物語の底流は謎解き風の仕掛けになっている、そんな作品が好きである。

それと比べれば、歌舞伎は確かに、知的でない、とまで言うとファンとしては悲しいが、うんちく傾けずにただ見るだけなら、確かに知性を必要としない。漱石の言う「低級な頭脳」で十分にまかなえる。時代の先端ではなく、万古不易《ばんこふえき》の涙や笑いである。

そして、歌舞伎の中でも（文楽から来た）義太夫狂言は、中に「謎解き」がよくあるのだが、実はあらかじめネタバレしている。すでに見た人は最後が分かっているし、初めての人にも、悪い奴は悪い顔（赤かったり、悪そうなメーキャップ）で出てくることが多かったりと、いわゆるサスペンス感はない。もちろん赤い顔した悪い奴が実はよい人間、というどんでん返しは多いのだが、昨今の映画シナリオと比べたら、子供だましである。むしろ解かれる謎が、実は身代わりに我が子の命を差し出す、と、現代人には「信じられない」幼児虐待だったりして、そのあたりが歌舞伎に「合わない」人だったら目をそむけたくなる。

ちなみにハリウッド映画には、「子供は殺さない」原則があったりして、それが過ぎると筋立てが凡庸になるときがあるのだが、願うのは誰だって子供が死なないことのほうであろうから、この点でも歌舞伎よりハリウッド映画を取る側に一理はあるかもしれない。要するに、「歌舞伎はもういいや」と思ったあなたには一理がある、と思うのだ。

◇歌舞伎が好きな人が「退屈な歌舞伎を見ていられる」のはなぜ?

なら、歌舞伎が好きな人間は、展開が分かりきっていても、子供が殺されていても、なぜそれを見ていられるか、というと、「見物」という態度だからだ。逆に、そういう態度が歌舞伎を楽しませてくれる。元より上演される歌舞伎のほとんどは「再演」であり、展開が分からないなんてことはなく、とりあえず、子供が殺されるのさえ、スパイス(!)なのだ。

すべては舞台の上の絵空事なのだから、とそこは大人の態度で構える。もう少し、一般的に言えば、この世を面白がるのが江戸以来の生き方で、舞台上のことは、全体として別の世界である、と眺めているのが歌舞伎見物なのだ。ところが、そんな観客も、ただ、筋のあるパノラマを見ているだけか、というと、見ているうちに、展開の筋立てそのものではなく、その筋立ての上に表現される役者の芸が見せる真実味に突如襲われ、自分の心持ちや人生を重ね合わせて、泣き笑いさせられる。

別世界だが実世界につながる、そこが面白い。歌舞伎好きは、その面白い瞬間が訪れるのを待って、子供が殺されても、目を背けることなく見続ける。

そういう観客のためには、この本の中でも縷々《るる》述べた歌舞伎特有のいくつかの約束事とか、大河ドラマを見るくらいの歴史的知識が「分からない」と、「興味がなく」なってしまう場合もある。とはいえ、分からないと面白くない人もいれば、分からなくたって、舞台の上で悲しそうな声で亡くなった子供をかき抱く、その三分間だけで、その前は居眠りしていても、どっと涙の湧く人もいるのだから、結局は「合うか合わないか」という説明のつかないところに戻ってしまうか。

歌舞伎という大衆演劇の根本は「見物」なのだ。「鑑賞」とはちょっと違う。鑑賞をいけない、と言っているのではなく、見物と鑑賞を混ぜたってよいのだが、「見物」的態度がもたらす楽しさがないのであれば、これまで続いてきたエンターテイメントとしての歌舞伎の意味がない。

他の例で言うと、これも江戸以来のエンタメである相撲がそうだ。場所の取組を見に行っても、土俵近くの席でもなければ、テレビで見たほうがずっと取り口は分かる。枡席などで何か話していたり、飲み食いしてたりして、「わーっ」と声が上がるので土俵のほうを見ると、負けた力士がもう転がっている、というのが相撲を見に行ったときによくあることだ。それは間違った相撲見物ではない。相撲通の正しい相撲観賞とは違うとしても。

漱石も、実ははまりそうだった

◇文豪は歌舞伎が嫌い

漱石が歌舞伎を低級な人類による低級な人類のための、と書いたこと、それへの読者、識者の反発に対し、続評の「虚子君へ」では「昨日は失敬。」と反省から文章を始めながらすぐにむかっ腹を立てて、再び歌舞伎にいちゃもんをつけていることはすでに述べた。しかし怒るだけではなく、その文章ではこんな分析をしている。

「生涯の大勢《たいせい》は構はないその日々〳〵を面白く暮して行けば好《よ》いといふ人があるやうに、芝居も大体の構造なんか眼中におく必要がない、局部局部を断片的に賞翫《しやうくわん》すれば可《い》いという説──二宮君のやうな説ですが、まあその説に同意してみたらどんなものでせう。

それでも賞翫はできますが、それを賞翫するに、局部の内容を賞翫するのと、其内《その》容を発現するために用ふる役者の芸を賞翫するのと、殆《ほと》んど内容を離れた、内容の発現には比較的効能のない役者の芸を賞翫するのと三つある様ですね。」

鋭い！　江戸っ子漱石は、歌舞伎を知らぬふりをしているけれど、東京に来てから歌舞伎が好きになったのかもしれない松山出身の虚子とは、江戸暮らしの年季が違う。それなのに漱石は近代人になってしまったので、「その日その日を面白く暮して行けば好い」とは思えなくなってしまっている。しかし、漱石の言いたい主旨は、そのまま、僕の説に重なる。

先ほど僕が説明した「この世をおもしろがるのが江戸以来の生き方で、舞台上のことは、全体として別の世界である、と眺めているのが歌舞伎見物なのだ。」とは、同じ意味である。歌舞伎を作り上げた「この世をおもしろがる」江戸の心性は、「生涯の大勢は構はないその日々を面白く暮して行けば好《よ》い」ということだ。僕が「筋のあるパノラマを見ているだけか、というと、見ているうちに、展開の筋立てそのものではなく、その筋立ての上に表現される役者の芸が見せる真実味に突如襲われ」と書くのは、漱石が引く「局部局部を断片的に賞翫すればよいという説」とまったく同じである。そこで、舞台全体をぼんやり眺めながら、面白い瞬間が訪れるのを待っていられるかどうか、が歌舞伎が好きか嫌いかの分かれ道ということになる。

漱石も、この続評の最後のほうでは、「鷺娘《さぎむすめ》が無暗《むやみ》に踊つたり、それから吉原仲の町へ男性、中性、女性の三性が出て来て各ゝ特色を発揮する運動をやつたりするのは可《い》いですね。運動術としては男性が一番旨《うま》いんださうですが、私はあの女性《によしやう》が好きだ、好《い》い恰好《かつかう》をしているじゃありませんか。それに色彩が好い。」とぼんやり舞台全体の色彩を見たりしていたらしいのだが、すぐに「加藤清正《きよまさ》が金釦《きんぼたん》のシヤツを着てゐましたが、可笑《おか》しかつたですよ。光秀のうちは長屋ですな。あの中にあんな綺麗な著物を著た御嫁さんなんかゞゐるんだから、勿体《もつたい》ない。光秀は何故《なぜ》百姓見た様に竹槍を製造するんですか。」と、まったく八つ当たりである。

この漱石の口ぶりは目新しい批判ではない。式亭三馬《しきていさんば》という人が漱石の百年も前に「忠臣蔵偏痴気論《ちゅうしんぐらへんちきろん》」で、面白おかしく「忠臣蔵」の人物像をからかっているのと、理屈の基本は同じである。演劇は虚構である。「虚構」は元々「おかしい」のであって、清正が金ボタンを着ているところを、「おかしい」と突っ込むのは簡単。

ただ、文豪漱石のからかいにもかかわらず、歌舞伎を面白がる人がいるのはなぜか、という問いが残るのだ。たんに忍耐心が備わっているか否か、なのか。もう少し構えを大きくしてこの問題をもう一度考えてみよう。もう行かない人よりも、歌舞伎にはまった人に焦点を移しつつ。

◇歌舞伎見物の二つの方法

歌舞伎の見方は、役者を見るか、劇として見るか、の二つだ。本当は、思い切って、「芝居の筋なんか追わないで、役者を見るのが歌舞伎だ」、と言ったほうが前からの続きとしてはすっきりしているのだが、そこまで言うと演劇としての歌舞伎の土台を掘り崩すことになりかねないから言わない。

いや、その言い方だと、やはり重要なところで間違っている。歌舞伎は見世物だが、その世界に「ドラマ」という筋が通っていなければ、次々目先を変えるサーカス、手品と同じになってしまう。

例を挙げて説明すると、「寺子屋《てらこや》」という、義太夫狂言がある。この「寺子屋」では、松王丸《まつおうまる》という主人公が、悪人側に荷担したふりをして計略を図り、主君の若君の身代わりに我が子を仕立てて首を打たせ、素知らぬ顔で、悪人側の使者として、その首を検分に行く。ややこしいようであるが見ていれば単純である。「悪人実は善人…」と言うだけで、手の込んだハリウッド映画などよりずっと簡単である。

それを見に行く観客は、皆、松王丸の計略を知っていて歌舞伎を見に行く。プログラムにも、詳しくネタはばらされている。結末が分かっているのは歌舞伎にとって織り込み済み、ということだ。普通の意味での、サスペンスはない。

それでも見に行くのは、芝居の筋立てにあらためて興奮するわけではなく、まずは松王丸を演じる「役者」を見に行くのである。役者が、ゴホゴホ咳をしたりするのが本物らしいかどうか、そんな細かなところを見ながら、着ている衣装の「雪持ち松」のデザインの刺繍が豪華だ、とか、一部分を楽しんだりする。漱石が書いている「局部」である。

もう少し通ならば、その松王丸の演じ方に関して伝承されてきた「型《かた》」（規範となっている演出）を、見事にやりおおせているかどうか、を見る。若手だったら、「まだまだだな」、とか、老練の役者だと「迫力はなくなってきたがまだまだいけてる」、とかつぶやきながら。ここまで行かなくても、全体を眺めながら、細部が生きてくるのを待つ。具体的には役者が大きく動き、声を張り上げ、ツケが打たれたりする場面がやってくるのを楽しむのだ。

これは一般的に歌舞伎を見るときの秘訣である。魚釣りのようにぼんやりと眺めて、かかるのを待つ。しかし、そうもいかないのは、あなたが歌舞伎に合わないからだけではなく、昨今の歌舞伎自体にも責任がある。この「寺子屋」を初めとする演目が、歌舞伎に移される前の文楽（人形浄瑠璃）で演じられるときは、さほど面白くない、と言われたりしないのは、実際的な理由として、上演時間が短いことがある。時間の長短は、面白い面白くないとは本質的には関わりがないように思えるが、短いほうが中身が詰まってくるし、見ているほうは体が楽だ。

この、歌舞伎と比べて同じ演目でも文楽のほうが上演時間が短いのは、元々、「寺子屋の段」という一続きの音楽、一曲として作られているので、演奏が始まったらすいすいと進んで、一片の物語が語られて終わるからだ。

それが歌舞伎では、義太夫語りが語って、それを役者が継いでセリフを言い、途中で見得を切ったりする。一人の浄瑠璃語りが一人のパフォーマンスとして行うのではなく、複数の役者がそれぞれ、自分の見せ場を作りたいものだから、昔から代々の役者が一つ一つの役に工夫を加えたのが積み重なって、いまや「型」と「芸」が堆積している。

もちろん、型は偉大なものだし、達しなければならない芸も高いところにあるから、先人の工夫を全部取っ払って、なんていう乱暴者はいない。「一生修業です」、とかしこまるわけだ。

しかし、これに対し乱暴な観客として言えば、校長の訓示のように、終わるかと思ったらまた始まる、といったただだら感を押しつけられるのは時にたまらない。いや、それでも上手《うま》い人がやると、長い時間が持つのだが、それはいわばあたり前で、普通の役者がやっても面白くしなければ、歌舞伎はもういいや、と思われて、根こそぎ飽きられても仕方ないだろう。

◇二兎《と》を追う歌舞伎

ということで、歌舞伎は上手い役者の局部を見る、ということになりそうだが、それだけで終わるとやはり間違っている。歌舞伎の見方は、役者を見るだけでなく、劇を見る、の二つ目もあるからだ。今日の歌舞伎はよかった、という場合には、役者の芸を堪能した、というときと、今日の話、お芝居が面白かった、という二つがあるから。

歌舞伎は出雲の阿国の歌舞伎踊りから始まって、というお話はしないと最初に書いていて、いまからしようというのではないのだが、源流にあった「踊り」の華やかさはいつも歌舞伎を彩っている。楽しい気分で劇場をあとにする、というのは、歌舞伎見物の基本である。

しかし、じっくり悲しみがしみ入る気持ちになるときもあって、それは、局部だけではなく、芝居全体に感動したときである。舞い踊りは歌舞伎の華だが、浄瑠璃の語りに心動かされるのは昔からあったことで、そこに明治以降の西洋の演劇からの影響が加わって、ドラマ性というのもまた歌舞伎の基本であり、それを感じ取るのもまた、歌舞伎の見方の一つになるのだ。漱石は、そのドラマ性がいかにも弱い、と感じて、歌舞伎への暴言にもなるのだが、ま、英文学者としてシェークスピアが念頭にあったら、歌舞伎をその日暮らしの享楽性の塊と決めつけしてしまうのも無理からぬところかもしれない。

でもシェークスピアよりよほど、色気ありますよ、歌舞伎には。享楽性と深刻さの二兎を追う、という無理を承知で歌舞伎はこれまで四百年もの歴史を刻んできたので、なかなか一筋縄で決めつけることは出来ない。しかし、専門家や有識者の中には、歌舞伎を今後の長期低落傾向から救うには、浄瑠璃の物語や、歌舞伎として始まった狂言を、いまみたいにぶつ切りにして、面白いところだけ一晩に四つ並べてみせる、という「見取狂言」の方式を批判する人たちが多い。一続きの演劇として復活させよう、というのだ。

そうすると、初めて見る人も、「演劇」として首尾一貫した物語を与えられ、首をひねることもなく、局部に拘泥している通につき合って、素晴らしい瞬間が来るのを、魚釣りのように待たされることもない、というわけだ。

それがよいのかどうか、ここは難しいところで、僕にも結論はない。一貫した演劇として見せるほうが、もういいやと歌舞伎を見捨てる人を少なく出来るのか。それとも、名場面集のようなものを上演して、テレビのタレントなどではかなわない芸の「迫力」と、生の演し物が持つ華やかさとで、引きつけ幻惑するのが歌舞伎のアピールとしてよいのか。僕がこの二つの内のどちらか一つをとらないのは、役者と劇の両方を見る、という、二兎を追う無理をしながら、ここまでどうにか来たので、いやもう無理だ、の声には、素晴らしい役者が演出家にでもなれば二兎は追えるという、答えで返したいからだ。

◇残欠や切り貼りでも古典は古典

最後にまたちょっと視点を変えて、三つくらいのたとえ話で、この四百年たっている古い芸能の今日のあり方について考えてみる。一つ目は歌舞伎のような、改変を加えながら現代に生き残っている古典はルーブル美術館にあるギリシャの彫刻、ミロのヴィーナス、サモトラケのニケのようなところがある、というたとえ話だ。

ミロのヴィーナスは腕が欠けているが、それを想像してこしらえて付けることは出来そうだ。他のギリシャの彫像の分析から、どんな姿勢で、どんな具合に腕が付いているかを、いまの科学であれば再現することは可能である。

でも、そんなことはしない。してもいいがする必要を感じないから。サモトラケのニケ、という作品は、頭部がない。あってもよいし、計算して付けることも可能かもしれないが、そうした残った部分で、古典的作品となっているのだから、いまさら全体を作り直すことはしない。どっちの彫刻も、完全に残っていればそれに越したことはないが、残った部分だけで後世の私たちに十分以上に、他の作品ではかなえられない感激を与えてくれる。

それが歌舞伎の古典と似ているかな、と思うのだ。どこか、筋が通らなかったりするのは、ある狂言全体の内の一部だけをやるようになってから、のことなのだが、最近、国立劇場で、専門家が欠損を書き足したり新たに演出して復元上演してみると、必ずしも面白いとは限らない。

まず演目によっては資料も不十分だったり、完全に欠損していることもある。台本だけは残っているのもあるが、復元しようとする部分は、百年以上もうち捨てられていたので、役者たちの工夫が十分にこらされていないし、どうもこのあたりは再演するまでもないな、と昔の歌舞伎関係者も選んで捨てていたところもある。つまり、元より弱い部分を今更やってみても、ということだ。

それと、ミロのヴィーナスの腕が欠けたのとは違う、ようではあるが、欠けたまま一つの作品と受け取っているところは似ていると思う。たとえば、「野崎村《のざきむら》」という一人の男（久松《ひさまつ》）と二人の女（お染《そめ》とお光《みつ》）が絡んで、二人の女の片方、お光が自分の恋をあきらめるという演目がある。

実は歌舞伎を見ている人は、お光の悲劇お染の勝利で終わるように見えるが、そのあとの展開も分かっていて、お染と久松の二人は結ばれたようでいて、あとで心中することになるんだよな、と思いながら客席をあとにする。話の途中で終わってしまう、劇としては欠損したままの鑑賞で満足している。顔のないサモトラケのニケという彫像の、大きな翼に覆《おお》い被《かぶ》される感動で十分、特に顔が欠けていても構わない、ということと同じか。

ただし、新作が初演から、最後の一幕は省略しました、余韻を感じてください、と終わったら奇妙だろう。歌舞伎のような古典が、後世に残る伝わり方として、「欠損」は残念であるが、古典たり得ないことはない、というのが言いたいことだ。

◇焦点を絞り、独立させた部分

二つ目のたとえ話を持ってくるが、こちらのほうがより納得できるかもしれない。それは、日本の絵物語や、書などの巻物が、一部が切られて掛け軸になったりして鑑賞されることである。それは、元から途中が欠けていたり、所有者のわがままで切り離されたり、それも近代になると、切り離して売るほうが売りやすく、全体としては高く売れる、など、理由や動機はさまざまだが、一続きの巻物が、切られて、それぞれが独立した絵や書になる。

それは、全体五幕ものの浄瑠璃狂言の一幕だけが、繰り返し上演されることがあるのと似ている。先ほどの、「野崎村」という芝居や「寺子屋」などがそうだ。それは、仕方なく残欠となったり、分断された、というより、積極的にそこに焦点を絞り、強調し、独立した一個の作品に変える方法、ととらえるべきなのだ。

この説明をしだすと、日本芸能史を語りだす難しい話になってしまうが、そこを乱暴にまた三つ目のたとえ話を持ってくれば、この日本列島の「日本文化」というのは巨大な鍋で煮られているごった煮の「スープ」だと思えばよい。どんどん鍋は大きくなっているが、千五百年ほどたっても、一応この鍋は壊れないで続いている。中の具材である野菜や魚の形は崩れて（欠損して）いるが、それでもそうした塊が浮き上がったり沈んだりしている。江戸になって新しい野菜が具として入ったり、明治になって牛肉が放り込まれ、味を変えつつあるが、千五百年以上の長きにわたった鍋物だから、昔の具も味わいも残っている。古い具材とは、たとえば、昔の和歌や物語に表されたモチーフのようなものである。

たとえば安寿《あんじゅ》と厨子王《ずしおう》の人さらいに遭った悲しい話は、古い形としては説教節として姿を現すが、再びスープの中に没し、他の話、盲目の俊徳丸《しゅんとくまる》、ある時は子を失った母の悲しみの梅若丸《うめわかまる》伝説と混り合い、また分かれ、スープの中で能や歌舞伎の演目である「隅田川」や「合邦」といったさまざまな形を取る。

この日本スープに柄杓を入れて、モチーフの味を感じ取った創作者なら、たとえば明治以降でも、森鷗外《もりおうがい》の小説「山椒大夫《さんしょうだゆう》」、溝口健二《みぞぐちけんじ》の映画「山椒大夫」という新たな作品になって現れ、それはまた、鍋の中に放り込まれる。この具体的な二つの作品にあるのは、子を探す母の悲しみであったり、母を探す子の悲しみであったりするが、この日本文化スープに一貫してあるのは、鍋の中で浮きつ沈みつする「母子の悲しみ」というものだ。だから歌舞伎の「寺子屋」をぼんやり眺めていても、そこにあるのは、千人さらいに奪われた話ではなく、主君のために子を差し出すストーリーなのだが、千年かけて日本列島に情感をにじませている、悲しみの具材、モチーフは、歌舞伎芝居の裏から観客の心に焦点を結ばせ、三分前までぼんやりと若い役者の奮闘に笑みを浮かべていたのが、急に感極まってしまう。

漱石が「隣の升にいた御婆さんが誠実に泣いていたには感心」したとき、観客に涙を強要してくる歌舞伎の厚かましさに、彼は辟易《へきえき》したのだが、同時に、この列島に千年も続く日本文化スープの強力な力に「感心」せざるを得なかった。彼には明治「近代人」としての「狼狽」があったのだと思う。歌舞伎にはもう行かない、としたらしい漱石は、実ははまりそうだったから、行かないと決めたのでは、と僕は思う。もっと簡単に、入れ込んでしまいそうな女から、理屈を言って逃れようとする漱石、とたとえれば早いのかもしれない。

もう一度見たくなった人のためのアドバイス

◇ネット社会では、歌舞伎初心者のレベルが底上げされる

もう行かない人のためのアドバイスが思いの外長くなりました。僕もあきらめが悪いようです。逆に、もう一度見たい人には、あまりアドバイスがないかもしれません。僕の出来るところは入り口のあたりの案内で、それ以上は、専門家の本や、何よりもご自分でどんどん進むことでしょう。

そのよい例となる方に最近お会いしました。まず一見すると、これまでの歌舞伎初心者とはまったく違う。まず、知識の詰め込み方の早さが違う。ネットで調べる、ネットで歌舞伎好きの話を読む、ネットで知り合った人と劇場で会う、すべてさくさく進む。かつてのように毎月の『演劇界』を待ったり、神保町の演劇専門の古書を訪ねるでもなく、一年半でおおよその、歌舞伎についての話をインターネットで身につけ

る。そして本筋の歌舞伎鑑賞であるが、そのチケットも、いまでは窓口で並ぶなんてことはしなくても、特に役者の後援会に入るでもなく、ネットで簡単に手に入るようになっている。その人は時間と資金とに余裕があったようで、一年半で、もう五十回以上の観劇を済ませている。「歌舞伎好きの祖母の膝から見た十五代目市村羽左衛門《うざえもん》」、といった自慢話が重きをなす「歌舞伎」界隈の「臭さ」とは無縁の、ジャニーズにはまってもよかったが歌舞伎にはまった、という態のニュートラルな歌舞伎鑑賞世界、それがいまの時代にあることを体現している。

その人は、五十歳までほとんど歌舞伎を見たことがなかった、という。彼女はこの本の読者となる代表のようでいて、もはやこの本が入門書の役割を果たす必要がないところまで自力で気ままに進んでいる。キータッチとディスプレイで、僕の見たことのない役者の演技をユーチューブで鑑賞済みだったりする。そんな人に会って、もうこんな本は書く意味ないのか、と落胆《らくたん》さえした。

ところが、その人から、まだ「助六」を見ていない、「鏡獅子」はシネマ歌舞伎だけ、と言われて、なるほどね、ここ一、二年、両方とも上演されてなかったかな、と思い出した。一見するとこうした新しいタイプの初心者は、もはやこの本は必要ないし、だんだんと歌舞伎の感じをつかんで、といったまだるっこしいことは無用に思える。思えるが、しかし、やはり、年季がないと、ジャニーズと歌舞伎の違いがやはり本当のところで分からないのではないか。このまま進むとやはり歌舞伎のためによくないのでは、とお節介をする気が再び湧いてきた。こういう観客になってほしい、という僕の願望はやはり書いてみたいのだ。

◇劇評、それに「噂《うわさ》」も次回のために

それぞれの月の、初日から一週間ほどたったあたりに新聞に劇評が載る。これを読むことをおすすめする。せっかく見た歌舞伎の、復習をすると歌舞伎力がつくし、楽しい。

歌舞伎の公演を見に行くと、三、四日目あたりに、前から四、五列目のよいところに一群の人びとがいる。多少、こちらも名前と顔を一致させることが出来る方々もいたりして、「一群の人びと」という書き方も嫌みだろうが、「ああ、今日はなるほどね、演劇評論家や演劇担当の記者の人たちが見る日なのだな」、と気づかされる。その観劇による劇評がその数日後くらいに出るわけだ。読むと、いくつかのことが楽しい。

まず、自分の見たときの感想が、専門家に裏打ちされるときは、ふむふむ、とほくそ笑む。そうではなく、演技に感激させられたと思っていたら、「熱情はあふれているがまだ空回りで、今後に期待」、だったりして、そうなのか、僕の目もまだまだだな、と反省したりする。が、時には内心評論家に向かって、「おかしいんじゃないの、あれでよいなんて、全然なってないよ」と楯突《たて》きたくもなる。そんなことが楽しい。

ただ、劇評は観客の入りに関係するので、ブロードウェイのミュージカルなど、ニューヨークタイムズの劇評家にくさされると、すぐに公演打ち切り、みたいなことがあると聞かされているが、日本ではそれに近いことを怖れてか、だいたいはほめていたりするのが、かなり残念である。

僕に書かせてもらえばもっとはっきり言ってやるのに、と思ったりもする。書評だと、自分にはその書物に書かれていることの専門知識がないから、と謙虚に読むのに、劇評、特に歌舞伎評は、十年とか二十年とか歌舞伎を見てくると、誰もがいっぱしの評論家と化すところ、そこが面白い。

タカラヅカならば、自分の好きなスターのファンに徹するのに、歌舞伎は、「日本の古典」という肩書があるジャンルなので、ただ楽しいだけでなく、次第に「憂う」

気持ちになったりさえする。

しかし、誰のためでもなく、自分の歌舞伎鑑賞の楽しみ方の質や厚みを少しずつ増すためにも、劇評を読むのはいいことだ。さらに、歌舞伎の雑誌『演劇界』であるとかを読むことになるのだろうが、僕自身、雑誌まで購読していたら自分の仕事の時間がなくなるな、と思って、近づかないことにしているので、そこは何とも言えない。しかし、新聞劇評、雑誌の劇評、果ては女性誌や、文化雑誌というのか、そうしたものにも歌舞伎の連載や特集があって、そうしたものを読むのはよい。逆に、歌舞伎を見始めると、いままで、そうした雑誌を手にしても、自分には無縁と、飛ばしていたところが自分の読みどころになるのはうれしいものだ。

さらに踏み込むと、「役者」についても、世の中に情報はあふれている。「スキャンダル」や「噂」や「ニュース」は絶えない。誰それが謹慎しただの、つい最近では愛《あい》之助《のすけ》さんが結婚しただの、とかまびすしい。

こんな噂やスキャンダルも、歌舞伎を見に行くようになると身近に思えて、人生は豊かになる、とまで言ったら、どう思われるか。いや、どう思われようとも、それもまた「歌舞伎見物」の余得なのである。

◇これからどんな観客を目指す？

そこで最後に、究極のお節介、あなたにどんな歌舞伎の観客になってほしいかを書こう。はまるのはよいのだが、歌舞伎をよくする方向にはまってほしい。よくない方向とは、歌舞伎が飛行船だったら、歌舞伎を甘やかすことで中の気圧が低くなり、次第に浮く力が弱ってついには地上に落ち、中の気体が漏れだし、気がついてみると、歌舞伎は骨組みと皮が残った無残な文化遺物となることです。

前提として、歌舞伎の歴史を読むと、観客の果たす役割が非常に大きいことに気づく。歌舞伎の世界は、歌舞伎ムラの役者たちと裏方、歌舞伎の公演を打つ興行主、そして観客から成り立っている。観客は舞台の上のことに口を出すことはほとんどないし、それは出来ない。しかし、選ぶことは出来る。何が面白いか面白くないかを判断するのは観客である。それを察知して、公演を企画するのが興行主である。広く言うと制作側。そこには、プロデューサーとか、国の文化政策の担当者とか、有識者から劇評家までが場合によっては入ってくる。役者だけで芸を磨けば、伝統芸能は続いていく、といったものではない。制作側と、それに観客が重要である。特に日本の歌舞伎は、産業としてのエンターテイメントの中で、いまだに現代の他の娯楽と競って生き続けている。国の庇護《ひご》の下に役者の努力が続けていけばよい、といった「無形文化財」の末期的段階、状態ではないのだ。

ある時、僕がロシアのバレエ関係者を歌舞伎に誘ったところ、その方は、観る前、「KABUKI」とは博物館でときおり復活上演される芸能のようなものだと思っていたようだった。レパートリーの数を聞かれて、「数えようにもよるけれど、数百は始終やっているし、上演可能か否か、というのであれば千以上の演目が上演できるかもしれない」と答えたら驚いていた。

しかし、その方が、もっと驚いたのは、「何を上演するかは、ある意味で、客が入るか否かが最大の決め手かもしれない」という、歌舞伎がいまだに、日本社会の娯楽産業の中にあって、「自主公演」というのを除いたとしても、ほとんどすべて、私企業によって運営されている、と言ってもいいという事実であった。

ここから、歌舞伎が、確立した批評による「美」を基準にして上演されている古典芸能、と、とらえるのは実態に即していないことが分かる。江戸時代に芝居小屋の興行主が、役者と契約を結んで、投機的に公演を行う。その中で、「日本文化スープ」

から、くみ上げた、千年以上の歴史を持つ文化的な資源が、役者や狂言作者、芝居関係者によって、取捨選択され、使われるのだが、最後の判断は、観客の喝采とどよめきと涙なのだ。歌舞伎の中で、一番強い力を持っているのは「観客」だと考えてよい。だから、観客がいなければ歌舞伎は続かないし、よい観客がいなければ歌舞伎はよくならない。または、歌舞伎という飛行船は、いつもバルーンが、人気と金と携わる人たちの熱気で膨れてないと、とたんに、しぼんでみすぼらしくなる。

十五代目市村羽左衛門という人がいた。歌舞伎の四百年の歴史には、鏡を見ながら「どうして俺はこんなにいい男なんだろう」とつぶやいた、という伝説の持ち主が幾人かいたようだが、この人もその一人で、大変な美男で、大変なもてようだった。その彼が、戦前に出かけた欧州旅行で、ミロのヴィーナスを見た。その時、感想を聞かれて、「残欠でも古典は古典、…」と答えたわけはなく、「手の切れた女に用はない」とのたまわった、と。こうしたくだらない逸話とオーラは不可分で、その俗っぽさが歌舞伎の生命でもある。何もスキャンダルが必要なわけではない。しかし、いまの歌舞伎役者が何か問題を起こしても、正当化はしないが、歌舞伎の長い歴史の中では、いかにも適切なる不適切さ、と思えるのである。

どんな観客になってほしいかといえば、ミーハーでありながら、観ているものの浅さ深さが分かる観客になってほしいのである。役者が好きで役者の噂話が好きで、その役者を見たさに劇場に行きながら、芝居の奥にある日本文化スープ鍋に浮きつ沈みつある、ある情緒や美しさに鋭く反応して、笑ったり涙ぐんでしまうような観客になってほしいと思う。そのためには、いつの日か、うんちくや歴史について知ることも必要だろうが、それは自然とそうなればよい。

江戸時代、「役者評判記」という、かなり芝居にはまった人たちの声が集大成されたような本が、二百年ものあいだ出されていた。批評でも分析でもないが、上手《うま》い下手、魅力のあるなしを、ストレートに、ある時は声高に、ある時は口汚く指摘する一群の観客がいたということで、いまのネット上の、声高な、またはときにあの口汚い罵《のの》り方など、案外、新しい役者評判記を生んでいるのだろう、と想像できる。そうした、はまり過ぎた観客や、その周りにそれを喜んだり顰蹙《ひんしゅく》したりと静かに見守る観客もいて、歌舞伎が古典でありながらスター見物と芸の堪能の二兎を追いつつ、いつも新たな変容をしてきたことは、これからも続くだろう、と楽観している。

【第七幕】歌舞伎の三つの謎――よくある質問《FAQ》

◇三つの質問

この第七幕と次の第八幕では、芝居小屋から離れて、歌舞伎、広くは伝統芸能全体に関わる話をしたいと思います。

歌舞伎の初心者も、かなりはまった人も、もういいやと思った人まで、内心に持っている、歌舞伎のＦＡＱ（よくある質問）ともいうべきものがあります。それは、

「昔の歌舞伎役者はいまの役者よりよかった、って本当？」

「歌舞伎は歌舞伎の家に生まれた人たちしか出来ない？」

「何が歌舞伎で、何が歌舞伎ではない？」

の三つです。いずれも、案外誰も問いを発していないし、答えていません。聞く方は少し単純すぎると思って、あまり口に出せない問題だし、答えるプロの人たちも、簡単に答えたら誤解を生むかな、と思って、はぐらかしたくなる質問です。しかし、それでいて今日の歌舞伎の、全体的なあり方に関わります。僕も、自分なりに考えてきた問題で、この機会に、じっくり書いてみようと思います。それが第七幕。

さらに、この三つの問いの底には、より大きく難しい、『伝統』って、一体何なん

だ?」という疑問が横たわっています。具体的には、よく、「なぜ伝統は守らなければならないの?」という議論として、社会的なレベルに浮上します。

前に当時の大阪の橋下市長が、文楽に対する補助金の減額をして、ニュースとなりました。あの「事件」は、「『伝統』は守らなければいけない」との通念をゆすぶる、正面からの重要な問題提起となりました。少し異なるようですが、以前、「人をなぜ殺してはいけないの」という子供の問いに大人がたじろいだことがありましたが、それと共通するところがあります。この二つの事件に通底していたのは、人は殺してはならない、伝統は守るべき、という、疑問を持つ必要もないと思っていたことを聞かれた「大人」が、あたふたとした、という点です。どちらの問いもすでに答えられていたようで、改めて聞かれると、どこから始めてどのような論理で応答すればよいのか、一瞬詰まってしまうのです。その意味では、橋下市長は根底のところから疑問を抱く、「子供」の精神を持ち合わせていたのですね。

では、僕たちもあたふたせぬよう、第八幕では、「伝統」はなぜ守らねばならないのか、について考えることとします。その前に、まず、いま挙げた歌舞伎に関してよく発される三つの質問に答えようと思います。

昔の歌舞伎役者はいまの役者よりよかった？

◇昔、とは、常に「いま」の昔

「昔の役者はいまの役者よりよかった」と聞いたことがあるだろうか。歌舞伎ではたとえば「團菊爺《だんきくじじい》」という言い方がある。明治に大活躍した九代目団（團）十郎、五代目菊五郎を高く評価していて、それと比べるといまの（とは大正、昭和の時代のことだが）役者はどうも、と文句を付ける人を、何かといえば団（團）十郎、菊五郎を引き合いに出す老人、「團菊爺」と呼んだのである。そういう故老は、九代目、五代目だけでなく、おおよそ、すべて昔の役者はいまの役者よりよい、と考えていたようだ。中には、「よかった」どころではなく、いまの役者は「見ていられない」とさえ言ったものらしい。

これが、かつて、昔を懐かしんでばかりの老人がいた、というだけであれば、ここに一節設けて書くまでもないのだが、「團菊爺」のあとは、昭和の名優六代目菊五郎と初代の中村吉右衛門を同じく賞賛し、最近の若いのは、と小言めく「菊吉爺」というのが続き、いまでも、「大成駒《おおなりこま》（六代目歌右衛門）と比べると、みながほめてる××はどうも」という人などがいて、歌舞伎の世界では常に「なんとか爺・婆《ばばぁ》」が生まれているらしいとなると、昔の方がよかった、とは本当なのか、と真剣に考えてみたくなる。

僕自身どうか、と言うと、年が進むにつれ、最近、やはり昔の役者はよかったなぁ、と思うことがある。「團菊爺」になってきたのか、というとそんな気もするし自分がそうなるなんて、と思ったり、そのあたり、自分も含めて考えながら話を進めたい。

まず、第一に古典の演劇、舞踊は、始まりが室町時代だったり江戸時代だったり、と、いまから幾時代も前の美意識の上に築かれていて、その美意識にふさわしい演技がよしとされているところは否めない。

能などは、かなり昔の「中世」の気分が出ていたら素晴らしいとされるのだから、古びていればいるほどよい、骨董《こっとう》みたいなもの、という気がする。ところが話はそう簡単ではなく、能でも、あとになって江戸時代、徳川綱吉《つなよし》が能楽に入れ込んだあたりの変化が、現在ある能を形作った、と聞くと、いまある能の「昔」には、ただ六百年前の世阿弥の昔だけでなく、三百年前の江戸時代の昔というのも流し込まれているらしく、昔がよいというその「昔」もだいぶ複雑な作りと分かる。

歌舞伎に話を戻すと、もし、江戸時代の雰囲気を醸《かも》し出していればいるほど「歌舞伎らしい」、「よりよい」のであれば、いまの平成の役者は、江戸時代により近い明治の團菊や、大正・昭和の菊吉には、かないっこないことになる。確かに、僕がいまの役者より、前の——といってもたかだか五十年前だけだが——役者たちに、何とはなく味《あじ》があると感じて、懐かしみ、果ては、いまの役者はなぜあれが出来ないのだろう、と内心嘆いたりするのはそういうことか、と思えてくる。

たとえば、「籠釣瓶《かごつるべ》」という芝居に、脇役であるが、主人公の花魁《おいらん》八ツ橋の情人、栄之丞《えいのじょう》というのが出てくる。その役をいまの誰がやっても、僕にはかつての（十四代目）守田勘弥《もりたかんや》のそれとは見劣りがしてならない。舞台上で、栄之丞という遊び人は、嫉妬から八ツ橋を問い詰めるために出かけようと、舞台上で着物を着替えるのだが、そのいらついた手先ながらに、帯を繰って締め上げる時の鮮やかさが思い出され、やはり「より」江戸時代に近い人のそれかな、と思えてしまうのだ。

昔の役者は日常的に着物を着る回数もより多かっただろうし、体型も、おそらくかつての江戸時代の人に近かろうし、そういうことであれば、「昔」に基準のあるジャンル、歌舞伎で、いまが昔に勝つのは無理だ、という気がしてくる。立川談志《たてかわだんし》が「落語は江戸の風が吹く中で演じられるべきもの」といったときには、自分のしていることを正鵠《せいこく》に言い当てていると共に、いまに生きている自分の限界を嘆いているとも思えるのだ。

しかし、どうだろう。能楽と同じく、いまの歌舞伎は、江戸時代のどこかで始まって、ずっと変わらずに来ているわけではない。四百年の歌舞伎の歴史は変転に継ぐ変転である。いま挙げた「籠釣瓶」という演目も、実は江戸時代ではなく、明治時代（一八八八年）に書かれた脚本による。そこに出てくる人物は、いわば、すでに明治時代の観客にとっても「時代劇」の人たちとして演じられていたのだ。

つまり、初演の明治時代に、すでに振り返って思い出された「江戸時代」の物語として作られたのであれば、「籠釣瓶」の佐野次郎左衛門の演技が初演からかなりたった昭和になっての初代吉右衛門と、八ツ橋の六代目歌右衛門によって、確立されたことにも矛盾はない。最初から、「いまの昔」として作られたものが、それぞれの「いま」

の中で、新しく形作られたことになる。すなわち、歌舞伎は、遠くにあって手に届かない昔を追い求める、というより、「いまの昔」を作っていることになる。ならば、「いま」の役者が昔の役者に対抗することも可能となる。

◆母が恋しい

この手の、よくある言い方に、「昔の役者はよかった、あの演技が目にちらついて、いまのなんか見ていられない」というのがある。その言葉をじっと考えてみると、言っている人が、何かにいらついているのを感じる。落胆、焦燥、腹立たしさ、そんな口吻《こうふん》が感じられ、喪失感に近い感情であることに気づく。

話は変わるようだが、自分で教師になって、学生や元学生が僕を尊敬することがあるのに気づいた。それまで、自分自身が自分の先生を尊敬しているのは知っていたが、それが逆の立場で自分に向けられるのには驚いた。

僕がもう何十年も前にあるひとことを言ったのを、いまでも覚えていて、時にはそれを生きる指針としている、と。さて、僕の場合も、昔の先生に会ったり、昔留学していた大学に出かけていくと、かつて感激したほどではないな、と思いながらも、一方、その方が亡くなってしまったりすると、余計に先生の恩義や偉大さが増したりすることがある。学生を見ていると、地方の高校から大学にやってきて、それまで大人と言えば、親と小、中、高の先生しか知らなかったのが、とたんに大きなことを言う、多少世の中にも知られているらしい大学の先生に会って、幻惑される、というようなことはあるようだ。それがまた時間がたつにつれ、幻滅とまではいかなくても、呪縛《じゅばく》から解かれることがあるが、意外にそのマジックは長続きすることもあり…、と書けば、もう何を言っているかお分かりだと思うが、だめ押しをする。

動物の心理生態学に「刷り込み理論」というのがあって、卵からふ化したとたん、ヒナの面倒を人間が見たりすると、子ガモが親ガモのあとを付いていくように、その人間のあとを付いて歩くようになる。ポイントは、生まれてすぐだったり、巣にいるヒナのあいだの経験が「刷り込まれる」ところにある。

もう一つ、英国の心理学者、ボウルビィという人が確立した「愛着理論」というのがある。これは人間で言えば、乳幼児期に、親などの周りの大人と、親密な関係に入ることによって心理的に安定を得るメカニズムを明らかにしている。これは逆に、そのような愛着の対象が失われた場合には、不安定がもたらされるわけである。こうした心理的なメカニズムは、何もボウルビィ氏を呼び出さなくても、先に述べた先生への敬愛同様、親への愛、母の恋しさ、として、私たちが日常的に感じているなじみのことである。

さて、オチの分かった話をするのも無粋だが、僕は、こうした幼い時に出会ったものへの愛着や執着、それへの高い価値付け、といったものが「團菊爺」に強くあるのだと思っている。「團菊爺」としてよく名の知られた遠藤為春《えんどういしゅん》という人の聞き書き、『歌舞伎座を彩った名優たち――遠藤為春座談』を読むとそれは顕著で、昔を思い出す彼の、痛ましさまでかすかに感じられるほどである。喪った母を嘆く人を前にして、こちらは何と申さばよいのか、という気がしてくる。

もちろん、遠藤為春という人物は、僕など及びも付かない見巧者であり、彼とて決して手放しに、ただただ九代目団十郎、五代目菊五郎を鑽仰《さんぎょう》しているだけではなく、演技の細部にさえ言及しての判断であることは分かる。だから、歴史的にも、いまの役者にとっても彼が残した座談は貴重な記録となっている。しかしながら、幼い時に初めて見た「團菊」、ことに九代目団十郎が、彼の「見る目」自体を形成してしまったため、彼の目を通して見たものすべてが、刷り込まれた愛着による憧憬のベールに覆われていることは明白である。

昔の役者はよかった、との発言は、批評としての価値よりも、まずは、その発言する人物の、人となりの出来上がり方を示してくれると考えたほうがよい。これは否定的に言うのではない。一人の人間が観劇を通して、ある特定のかたちの教養というのを身につけて育ったのだな、ということが分かる、と言っているのだ。

◈それにもかかわらず、昔の役者はよかった！

かくして、歌舞伎のような古典演劇は常に「いま」の昔を作り出すものであり、昔見た役者がよかったというのは、若年における刷り込みだとしたら、「昔の歌舞伎役者はいまの役者よりよかった？」への答えは、NOとなるところである。が、そうではないのだ。といって、YESかというと、単純にそうでもない。

まず、明治の九代目団十郎、五代目菊五郎は、本当によかったのか？ YES、それはよかったのだ、と思います。遠藤為春という人が見た団十郎は名人であり、菊五郎は上手だったのは本当、というのが僕の判断。しかし、遠藤為春がそれを発見したのでも見抜いたのでもなく、たまたま、その時そこに生まれ合わせて、二人の名優の芝居を見に行ったというだけのことだ。ただ、その歴史的偶然が、家に帰ってからいま見た芝居をまねてみせるような、歌舞伎大好きの少年の身の上に起こって、その彼がのちに歌舞伎の仕事に携わり、かつ長生きをして八十年後に「團菊爺」として明治の名優についてコメントを残してくれたこと、それは私たちにとってみれば、偶然を越えて幸運ですらあった、ということになる。「團菊爺」が残してくれた言葉は、歌舞伎に携わる人にとって、「いま」の昔を作る大いに助けになっている。

でも、なぜいま生きている僕が「團菊」を名優、それもいくつかの面で、圧倒的である、と判断できるのか。それは、遠藤氏を含め、当時の舞台評や、周りの役者たちの言葉を読むことによってである。

そこは、古典芸能を見ることの年季がものを言う。瞬間、瞬間消えていく舞台芸術を、言葉で書き留めたものから再現出来るの?というと、そのものずばりは再現できずとも、そこにあった巧拙や質、表れる情感、舞台の価値は、想像し、判断できるのである。研究者や劇評家は、九代目団十郎と五代目菊五郎の舞台についての資料とその演技への批評を突き合わせ、彼らが残した「型」や心構えをのちの役者がどうとらえ、どう学んだか、あるいは学び切れなかったか、を調べ、この二人が確かに傑出し

九代目団十郎

ていたことを教えてくれる。

僕自身も、本を批判的に読むという訓練を受け、だいぶ長く歌舞伎を見てきているので、そうした専門家の文章の、ときには我田引水だったり、盛っているな、と思えるところに気づくことはあるが、ほぼ、それでよいのでは、と考えている。しかし、僕の場合は、専門でないので、「團菊」の凄さを信じられる、もっと直截《ちょくさい》な資料が助けとなるのだ。写真である。

見れば、ああ、と声が出る。当時の、ワンショットで撮られた――彼は、写真を撮られるのにさほどの苦労も時間もかけなかったと言われている――この元禄見得の写真（175頁）一つで、彼が名優、それも他と隔絶した演技者であったと分かります。もし分からなかったら、ちょっと突き放した言い方になりますが、それはあなたがまだ年季が入っていない、というだけのこと。彼の顔が女性を演じるには向いていなかったことも写真で分かるが、たとえば、「團菊」ご両人の、唯一残されたフィルム、「紅葉狩」の数分の姫の役の踊りを見ても、なるほどね、さすがなんだ、と分かる。別にいまの役者は見ていられない、とは思わないが、「いまの役者は見ていられない」という人の言葉を、おかしいとも思わない。それは僕と違う「いま」を生きた人の言葉なので、「母恋し」を差し引いても、残るものがある、と考える。

この「團菊」が素晴らしかったと知ることは、さらに余禄を与えてくれる。たとえば、九代目団十郎の前に活躍していた五代目幸四郎という人、写楽《しゃらく》が浮世絵に描いているような昔の人だが、これも、九代目からの類推によって、実在感がぐっと増してくる。九代目と同世代の五代目菊五郎や、のちの「菊吉《きくきち》」（六代目菊五郎と初代吉右衛門）も、同じです。

もっとも、菊吉の二人については、より多くの写真や映像が残されていて、当時の「批評」や評伝もあるのでだいぶ理解は楽である。それにしても、六代目菊五郎の『髪結新三《かみゆいしんざ》』の立ち姿の写真、これ見ただけで、その素晴らしさは分かる。それで思い出せば、二〇一五年に歌舞伎座でいまの市川染五郎が、もとより顔と手足のバランスはだいぶ江戸人とは違うところを、どうにかして、「江戸」を出そうと努力をしていたが、これが、「いま」の昔を作ろうとしている作業なのだな、と気づく。しかし、僕ですら、そうした作業を、つい、そんな昔でもない十七代目勘三郎が演じて見せた新三のふくらはぎを思い出して、「まだまだ…」、とか言いそうになるのは、僕にもある母恋しさからだろう。

まとめれば、この節の問いへの答えは、YESでありNOでもある。「昔の役者はいまの役者よりよかった、のが本当であってもおかしくないが、中には母恋しさのあまりの嘆き節でしかないものもある」となる。ここには、そもそもの基準である「歌舞伎」というジャンル自体が、たんに「江戸」とは言えない、江戸と近代のまざった長いタイムスパンの複合的な「伝統」である、という根本問題があるが、それはまた最後に。

歌舞伎は歌舞伎の家に生まれた人しか出来ない？

◇歌舞伎はお稽古事《けいこごと》にならなかった

歌舞伎について一般の人のもっとも強い印象は、何とか屋、という家がいくつかあって、そこの人が小さい頃から修業をして、何代目何の助、を継いで演じている、というものだろう。それは似たように思える他の芸能、能楽や舞踊、邦楽でも多く見られることで、少し広げれば、そもそも伝統というものは、生け花の家元から古武道の先生、漆の塗師《ぬし》や煎餅《せんべい》の老舗に至るまで、そんなものだ、と認識されているようだ。

ところが、そんなものだ、といっても、内容や程度はずいぶんと違う。能の仕舞や三味線、生け花、古武道を習っている人はたくさんいるが、漆塗りや煎餅焼きは、その家だけでやっているものである。つまり、お稽古事という大衆化した商品になっているものと、時には一子相伝という具合に、その家から外に出ないものと二つに分けられるだろう。それでも、漆塗りに弟子入りしたり、蕎麦《そば》打ちを趣味でやりたい、という人がいたりと、日本人は何でもお稽古にして学びたいのだが、歌舞伎はそのいずれとも、ちょっと違う立ち位置にある。歌舞伎の舞台で踊られる「藤娘《ふじむすめ》」を日本舞踊として習っている人はいても、「弁天小僧《べんてんこぞう》」の場面や「忠臣蔵、塩谷判官切腹《えんやはんがんせっぷく》の段《だん》」を習う、というのはちょっと奇妙である。歌舞伎のドラマとしての部分は「お稽《けい》古事《こごと》」にならなかった。なぜか。

お稽古事として商品化されなくても、歌舞伎だって演劇なのだから、脚本があるし、演出家と演じたい人がいれば、高校の文化祭でやってもよいはずだが、それは聞いたことがない。地方には、何々歌舞伎という伝統があって、祭りのときにそれが演じられたりするが、素人として歌舞伎を演じるのではなく、地域の祭りや「伝統的」な活動として行われている。江戸時代にある村で歌舞伎芝居が始まったときは、江戸、京、大坂でやっているのをここでも、と、いわば、素人がやってみよう、で始まったのだろうが、この現代に、あらためて「歌舞伎をやってみよう」という人は普通はいない。最近、演劇人の中に、歌舞伎を正面からやってみようという新しい動き（たとえば「木ノ下歌舞伎」というもの）のあることも言っておかねばならないが、そもそも「歌舞伎」とは、その始まりより「一般の人」がやってみよう、とするものではなかった。お稽古事にならなかった理由の一端、日本の芸能の「特質」について説明するためには、この本の冒頭で避けていた、「歌舞伎は出雲の阿国《おくに》が始めて…」という、そもそものところに戻らざるを得ない。

その特質が生じた理由の一つは、この国の文化的な歴史による。歌舞伎だけでなく、初期の能楽や、人形遣い、大衆の中で音楽などを演奏する人たちは、「芸能者」として、中世以来、ある社会的なカテゴリーとしてくくられてとらえられていた。彼らは他にもあったさまざまな仕事――象徴的なのは、死の穢《けが》れや獣皮の加工に関わる作業――をしていた人びとと同じく、特殊な集団として、社会的には周縁、または下位に位置づけられていた。ここを正確に説明するには、かなり複雑な状況や経緯を描かなければならないので、ここでは、なぜ歌舞伎は「お稽古」にならなかったか、を補足する理由として、過去には、歌舞伎は特殊な職能集団が演じるもの、という一般的なとらえ方があったことを述べるにとどめたい。ときに、「歌舞伎役者は元々『河原乞食《かわらこじき》』だったから」、と、「河原」の意味もさほど分からずに言ったり書いたりする人がいるが、そういう生半可さはつまらない偏見の後押しをするだけである。しかし、いまでも日常的な私たちの心の中に、薄まりながらも「芸能人」という言葉に、強い憧れと裏表に、かすかな軽侮《けいぶ》が同時に感じ取れることから、その一端は理解できると思う。この日本列島の中に、どんなに希釈しても微量に残る文化的、社会的「偏見」というものの根強さがここにはある。

では、なぜ能や日本舞踊は、そうした芸能者、河原者の技であったのに、いまではお稽古事として「許され」ているかというと、能楽は長い間、権力者に近づくことで社会的上昇に努め、それを果たしてきたことがあり、日本舞踊も、近代的な「芸術」概念によって、そうした偏見を薄くすることを行ってきたからである。その意味では「近代」とはまさに、人を「階層」というものや偏見から解き放つことにかなり成功したのだ、と分かる。

しかし、歌舞伎に関して、そのドラマ部分の演技がお稽古事にはならなかったのはなぜか、というと、もう少しプラクティカルなことも入ってくる。

まず第一に、「芸能」は、一般の人のするものではない、という観念が「偏見」の希釈された形で続いていたことはすでに述べたが、同様に、お稽古事ではなく、「演劇」として、つまり「芸術」として演じることも試みられなかったのは、身分制の下位にあるというのとは違う、長年の鍛錬による特殊能力を持つ人たちがする特殊な演劇と考えられていたことがある。

第二に、「お稽古事」として適当な大きさに切り取り商品化するのが難しかった、というプラクティカルな面もある。これに関しては、すでに、歌舞伎という演劇全体のある部分は、長唄、清元などの邦楽、また日本舞踊として、切り取られ、お稽古事になっている、といってもよい。しかし、全体をある演劇として演じようとすると、高校の演劇部では、そのカツラと衣装を用意するところから途方もなく難しい。もし小道具、大道具をいい加減にすると、かなりみっともない。

能楽は？　能楽も本物の衣装は大変に高価なのだが、登場人物が少なく、美術・装置は、能楽堂を借りればそれ自体が美術・装置のセットとして出来ているので、必要ない、という点が大きく異なる。もちろん能楽を演じることも長年の鍛錬が必要で、とても大変なのだが。ちなみに、歌舞伎舞踊の「藤娘」など、素人が日本舞踊を習って発表会でお披露目することはある。しかし、お金は大変にかかります。それゆえやめる人や、二の足を踏む人はいる。他のお稽古でも、お茶でも何でもお金はかかる。しかし、歌舞伎をかつての「文士劇」のようにやるとしたら実際的に、かかりの具合が、桁《けた》外れなのである。ですから、素人も簡便にやれる歌舞伎を考え出す、これは、案外コロンブスの卵的な発明となるかもしれない。しかしいまはまだ、それはない。

結局、「歌舞伎はなぜお稽古事にならなかったのか」の、僕の問い自体が正確ではなかったかもしれない。むしろ、なぜ歌舞伎は自分には出来ない、歌舞伎の家に生まれた人たちしか出来ない、とみなは思っているのか、と問うたほうが適切だったかもしれないのだ。

◇役者は修業のたまもの、それでも「由緒」がないと難しい

ここで、先ほどの説明が、みごとに逆転していることが明らかになってくる。歌舞伎——当時はただ「芝居」と呼ばれていた——が、江戸時代には武士などが小屋におっぴらに見に行ったりするのははばかられる、と、見下すような認識だったのが、むしろいまでは、一般人には敷居の高い「ハイカルチャー」となっていること。歌舞伎役者が、少なくとも表向きには、士農工商のさらに下の、低い階層の人たちと思われていたのが、いまでは、セレブであり、その子弟は、よいところのお坊ちゃんと思われていること。こうした逆転は、明治の近代化以降始まって、すぐに出来上がった

のではなく、かなり長いことかかった。

そう昔ではない最近まで、いわゆる役者に対する「蔑視感《べっしかん》」というものが残っていたようで、初代中村吉右衛門が昭和二十六年に文化勲章を受けた時に、小宮豊隆《こみやとよたか》が、「役者は昔は河原乞食《かわらこじき》と卑しめられた。……然しかつてさういはれた階級に属してゐるからといつて、その道で芸術的に価値のある仕事をしてきた者が、軽蔑されたり無視されたりしていいといふ法はない。あるひは、武士をもつて自認する人達の中には、吉右衛門が選に入つた（船曳注：文化勲章受章の）ことに顔をしかめる者がゐないとも限らない。」と書き、「しかしそれは頑迷固陋《がんめいころう》である。」と続ける。もちろんその通りで、何も言いようがなく、むしろ、引用していることが軽蔑に荷担しているようで、胸くそが悪い。なるほど、僕が生まれた戦後すぐには、まだこう書く雰囲気も残っていたのだろう。

しかし、こう書いている小宮豊隆の吉右衛門論とその賛辞にも、僕には何かしら帝国大学教授の「上から目線」が感じられる。そして、彼は何かというとひいきの吉右衛門を自分の集まり（宴席と言えばよいか）に呼び、そうしたとき、吉右衛門は必ず出向いた、という。ひいきと役者の親交と呼んでよいのだろうが、僕はこの逸話には、それだけではない、かつての「身分差」のようなものを色濃く感じる。

話を戻して、歌舞伎は歌舞伎役者の家に生まれた人がするもの、という点について考えよう。まず、その点を二つの意味に区分する。一つは、〈歌舞伎は歌舞伎役者の家に生まれなければ上手に演じることは出来ない〉という意味と、もう一つは〈歌舞伎役者の家に生まれなければ歌舞伎役者になる資格はない〉という意味である。

前者は、役者の家に生まれて、三歳から稽古をしたりしなければ、あの難しい演技を身につけるのは無理、ということである。なるほど、と思うが、ならば三歳から練習すれば、誰でも、とは言わないが、役者の家に生まれなくても出来るはず、ということになる。でも、誰が教える？　となれば、歌舞伎を教えられる人は野球のコーチよりはるかに希少であろう。「巨人の星」の星一徹《ほしいってつ》は、自分自身がプロだったので、大リーグ養成ギプスで星飛雄馬《ほしひゅうま》を鍛えることが出来たが、普通は、自分の子に歌舞伎の鍛錬をすることは難しい、という現実問題にぶち当たる。

でも、そうしたことの公的な教育機関として、現に、国立劇場には、「歌舞伎俳優研修生」という制度があって、市川笑也《えみや》、市川春猿《しゅんえん》、といった役者はこのコース出身である。文楽では、「文楽研修生」出身の数がいまや現役の半ばを占める、という現状がある。ならば歌舞伎もそうならないか。自己流で親が教えるわけにはいかないとしたら、子供に宝塚音楽学校に入学させようと願う親のごとく、幼少時から声楽や日本舞踊などを学ばせておいて、ある年齢になったら国立劇場研修生の試験を受けさせ、歌舞伎役者を目指すよう仕向ける、という手があるだろう。

そうなのだ、客観的に言って、そのような方法で、「歌舞伎」を小さい頃から練習すれば、世界のコンクールで優勝するようなピアニスト、オリンピックで金メダルを取るようなフィギュアスケーターと同じく、歌舞伎座の檜《ひのき》舞台を踏んで遜色《そんしょく》のない歌舞伎パフォーマーが、普通人の家庭から生まれるはずである。

ところがここに最後の難関が控えている。そのパフォーマー、A君には、「由緒」が欠けているのである。誰々の息子、誰々の孫、それも、「若くして亡くなった、将来を嘱望《しょくぼう》されていた女方の、その面影を彷彿《ほうふつ》とさせる」X君といった、(くどいがもう一つ)「名門の子弟に生まれながら、ゆえあって歌舞伎ムラから離れて流浪していたのち復帰し、父が果たせなかった、何代目×××を目指している」Y少年といった「伝説」が欠けているのである。それがどれほどのものか。まず、X君とY君は、売り出しの営業努力の、二十年分くらいはA君より下駄を履いているだろうと思う。人はすぐ、ああ、と思い出してくれるのだ、少なくとも歌舞伎を知る人のあいだでは。それはキャリアにおける初期の営業だけでなく、一生を通じて、新しい役を演じるごとにその演技を「先代」と比較されることで関心を集める。そして、二十年に一度くらいは、出世魚のように新之助から海老蔵、団十郎、と、人気をブーストするのにきわめて都合のよい「襲名《しゅうめい》」をする、決定的ではないがほぼ確定的な、権利を有しているのである。

◆歌舞伎スターのゴージャス感

誤解を避けるために補足しておくと、立派な技倆《ぎりょう》に達して襲名を行う、というのがまずは本道であるが、相撲の横綱のように、興行的に二人目の横綱がほしい、というのに似て、エンターテイメントは、もうかるかどうかの基準が確固としてあり、それに照らして、「今後を期待する意味も含めて」という襲名もある、ということを書いたのだ。もちろんさまざまな理由で襲名が早まることも遅れることも、また、あえて出来る襲名をしないことも、いろいろあるのだが、いろいろな個別の事情の話ははしょる。ただ言っておかなければならないのは、市川団十郎家に生まれれば市川団十郎になれる、といった単純で甘い話ではない、ということ。あるとき十二代目団十郎さんがこうしたことについて、「新之助だった時には、そんなこと（海老蔵、団十郎になる）はまったく保証されてはいませんでした」と真顔で僕に語ったことがある。日頃から真面目な団十郎さんの、真剣なまなざしから、その「なれないかもしれない」プレッシャーはよく分かった。

とはいえ、である。歌舞伎ムラに生まれたことがもたらすもろもろの「由緒」は、そうした家に生まれた重圧やそれゆえの意地悪な批評等々にもかかわらず、何物にも代えがたいアドバンテージとして働く。ここは、国立劇場養成コース出身では、たとえ天才であっても追いつかない。いや、問いは、普通の人が役者になれるかどうかだった。答えはこれまた前節と同じくＹＥＳでありＮＯでもある。普通の人でも役者にはなれるが、いい役をもらうのはちょっと難しく、第一人者になるのはかなり難しい。

しかし、現に、坂東玉三郎という役者は、歌舞伎ムラの家に生まれていないのに、女方の第一人者になったではないか。ただ、彼は、守田勘弥という役者の「芸養子」になった。これによって、歌舞伎ムラの人となったのである。そして、逆に、別の「伝説」、歌舞伎の出身でないのに、努力で現在の芸の境地に至った、が用意されることになるのだが、それは本人のまれなる才能と努力による。それよりも、通常の、「だんだんおじいさんに芸風が似てきたね」といったエピソードのほうがはるかに作りやすい。注釈を付ければ、「伝説」と書いたのは、そうした由緒にまつわるコメントのかなりは、どこの家庭にでもある、お父さんに似てきた、いや母方のおじいちゃんだ、といった、日常的生物学のＤＮＡ鑑定のようなもので、真実ではないが、そんなふうに見ようとすると真実味があって面白い、というたぐいのことでしかないと思うので、そんなふうにこの言葉を使ったのです。

ここで出てきた「芸養子」、最近歌舞伎の世界で増えているように思う。国立劇場養成コース出身であっても、誰かの芸養子となる、といった例もある。これは、文楽と少し違う。あくまで、第二幕の「歌舞伎スターシステムの二重性」で説明したように、歌舞伎役者の虚構性の二重性、たんに、ａさんがＸという役を演じるのではなく、ａ（堀越さん）がＡ（市川団十郎）という歌舞伎役者を常々「演じて」いて、その彼が、Ｘ（助六という役）を演じるという、そのＡの部分が、第何代目といった厚みのある役者の名前でないと、歌舞伎のスターとしてゴージャス感を出しにくいのだ。

何が歌舞伎で、何が歌舞伎ではない？

◇歌舞伎を「定義」しようとすると失敗する

歌舞伎についての最終的な問いは、「歌舞伎って何？」である。歌舞伎役者がやっているものは何であれ歌舞伎、と答える人もいるようだが、それはダメである。「歌舞伎」について聞いておいて、「歌舞伎」役者をその答えの中に入れてしまうのでは、最初から破綻している。それでも、歌舞伎の世界では、こんな答えが繰り返されているところがあって、それだけ、歌舞伎って何？という問いは難しい。かなり歌舞伎を知っている人でも、思いあぐねて苦しくなり、最後に、歌舞伎役者がしているのが歌舞伎、と、一息吐きたくなってしまうのだ。もちろん、この答えで納得する人は、そこで考えるのをやめてもいいが、この本の読者には、もう少し食い下がってもらいたいので続ける。

昔から、「なんとか歌舞伎」というのはよく現れた。例えば戦後のアヅマカブキとか、東宝歌舞伎とか。それらは少々古いので、ここで考える例として、今の市川猿翁《えんおう》(三代目市川猿之助)が始めた「スーパー歌舞伎」、ジャニーズ事務所が滝沢秀明《たきざわひであき》を主役に公演している「滝沢歌舞伎」を例に取ろう。歌舞伎役者である猿之助のスーパー歌舞伎は歌舞伎でも、滝沢歌舞伎? と思う方はいるだろう。それは、歌舞伎に対してすでに一定のイメージを持っているので、違和感が生じるのだ。その「違和感」は大事なことなので、そこについて話すこととする。

歌舞伎とは何か、といえば、それは定義なのだから、何々であるゆえに何々である、となる。では、歌舞伎には必須、欠かさざるを得ないものが分かれば歌舞伎とは何か、に答えられることになる。

歌舞伎特有のもの、といえば、思い出すのは、ここで何度も取り上げた女方でしょう。そこで、「歌舞伎とは男性が女性の役も演じる演劇である」、でどうか。これでは全然ダメ。そもそも、歌舞伎の最初と言われる阿国歌舞伎の、阿国さんは女なのである。では、最初は女性が始めたとしても、そののち、伝統的に男性が女性の役を演じることを受け継いでいるもの、としたらどうか。そうすると、スーパー歌舞伎は歌舞伎、滝沢歌舞伎は歌舞伎ではない。これでよさそうだが、滝沢歌舞伎に、歌舞伎の女方が参加したら、それはそれで歌舞伎？　いや、その前に大間違い、滝沢秀明さん、タッキーは女の役も演じるのです。

日本の外を見れば、英国のエリザベス朝演劇も京劇も昔は、「女方」がいたので歌舞伎ということになってしまう。元より「男女が役の性別を変えて演じる」技法は、パフォーマンスの中で珍しいものではない。日本の中に戻れば、「新派」、というジャンルは、明治以降、歌舞伎とは異なる新たな女方の演技を確立したのです。それをいまの歌舞伎役者、坂東玉三郎が演じていて、とますますややこしくなる。

他にも邦楽演奏、花道や回り舞台などの舞台装置、隈取《くまど》りやカツラ、衣装などなど、いままでに、この本で取り上げた数々の要素、ツケ、「何とか屋」のかけ声まで、歌舞伎「特有」と思われるものはたくさんある。それを一つ取り出して、それが歌舞伎の本質である、と定義しようとすると、花道を持つ舞台、かけ声をかける演劇、そうしたものは、世界の民族と歴史を探れば、必ず見つかるだろう。

では、これは、という要素を複数挙げて、それを兼ね備えていれば、例えば、女方、花道、見得、があれば歌舞伎、としたとすると、どうか。女方は歌舞伎の専売特許でないことはもう書いた。花道も、歌舞伎役者が地方で公演するとき、近代的な作りの県立ホールだったら、花道はない。それでも、花道の場面は舞台下手でどうにか済ませることにして、歌舞伎は演じられるのだ。見得、だって、何が見得か、から定義をすれば、最後には、他の演劇にもあることになろう。どうやっても、「本質」から歌舞伎を定義することは出来ない、と、僕は断言する。

◆ウィトゲンシュタインの家族的類似（family resemblance）

そこで、以下の説明。イギリスの哲学者が登場するので、驚かれるだろう。

こうした問題は、僕の専門とする文化人類学にもよく出現する。たとえば、「結婚」を定義しようとすると、「本質」を絞り込めない。「一対の男女の、性的結びつきに基づく、同居する社会関係」、なんてのは、イスラムの教えでも認められている「一夫多妻婚」の存在によって打ち破られる。では複数の夫や妻もＯＫとすると、こんどは男女ではない結婚、というのが、現代のゲイカップルを待つまでもなく、古来見られたことだし、そこをどうにかしなければならない。

では、そうした点は問わないから、と後退しても、一緒に住まない妻問《つまど》い婚といったものが「源氏物語」の頃にはあったし、広い世界には死んだ人との結婚（「冥婚」と呼ぶ）もあるぞ、となって、それも含めて「定義」しようとしたら、およそ長くなって、定義ではなく「記述」になってしまう。思い切って、短く（二人の性的社会的関係）すると、「恋愛」との違いは何？　となる。歌舞伎の定義で起きたことが「結婚」にも起こるのだ。

こうしたときに、ウィトゲンシュタインという（難解で知られる）哲学者が出した「家族的類似」という考え方（家族の成員は、一人一人全く同一ではないが、父と子など同じような特徴を持っていてよく似ていること）を応用すると、ある程度解決できる。

「結婚」であれば、いま挙げた、一対、男女、性的、同居、社会的関係、などなど、他に、結婚した人間が一人前の社会人と認められる、生まれた子供が社会的に認知される、長く続くことが建前上求められる、そこには「愛情」がある、といった、世界中の「『結婚』のようなもの」によく現れる、「一群の特徴」を並べてみる。そして、世界中の社会には、そうした特徴のすべてではないが、その多くを備えている、たとえば日本だったら「結婚」、イギリスでは「marriage」、そして、たとえば世界のある社会では「×××」、と呼ばれる、「結婚」のような制度が見つかる。いや、人間の社会すべてに、社会が続いていくための「『結婚』のような」仕組みが存在するといってよいだろう。

そのとき、結婚とmarriageと「×××」と他にも無数にある「『結婚』のようなもの」は、その中身の要素がすべてぴったり一致はしないし、全部に共通する特徴も、一つとしてない。しかしながら、多くの特徴が共用されている。日本の結婚とイギリスのmarriageで考えれば、中身の要素に違いは少しある（「神に誓う愛」といった観念は日本にはない）が、多くを共有していることから、「類似」しているもの、ととらえるのだ。そのようにして「類似している」制度が世界中にあって、それを「結婚」と呼ぶ。普通の定義、というのと少し違うが、この考えで、本質的には定義できないが、類似を認めることで、「ある程度解決できる」のだ。

さて、だいぶ回り道をしたが、歌舞伎も、この家族的類似で考えるのがよいと思う。それで行くと、松竹歌舞伎（歌舞伎座で松竹がやっている歌舞伎）、国立劇場歌舞伎、前進座歌舞伎、あたりは共通する特徴が圧倒的に多く、スーパー歌舞伎、コクーン歌舞伎も、しっかり「類似」している。それが長谷川一夫《はせがわかずお》がやっていた東宝歌舞伎となると、人によって、う–む、であろうし、滝沢歌舞伎となると、類似は低い、と言う人もあるだろう。

ところが、この考え方のよいところは、「結婚」の例で分かるように、どの国の結婚が最も正しい結婚だ、との見方はないように、ここでも、決して、松竹歌舞伎が最も正しい歌舞伎で、滝沢歌舞伎はらち外、とは断定しない、という点だ。同様に、ある若手の劇団が行っている「木ノ下歌舞伎」という公演は、「歌舞伎ではない」というとしたら、それはある人の見方であって、「定義上」歌舞伎ではない、とは言えないことになる。

もちろん、なんにも結婚の特徴を備えていない二人、たとえば、始終会っているとしても「碁敵《ごがたき》」を「結婚している」とは言わないように、歌舞伎との類似を問題としない演劇、タカラヅカの「ベルサイユのばら」を歌舞伎とは呼ばないし、呼ぶ意味はない。狂言の「棒《ぼう》しばり」は、そこから歌舞伎舞踊の「棒しばり」が作られたのだから、もちろんよく似ているのだが、それを類似しているから、といって、歌舞伎とは呼ばないのは、まさにそこにある「違い」が狂言の「棒しばり」と歌舞伎の「棒しばり」が何であるかを成り立たせているのであって、それゆえ決して、狂言の棒しばりを歌舞伎、とは呼ばないのだ。恋愛を結婚と呼ばないのは似てないからではない、そこにある確かな「違い」が、結婚は結婚、恋愛は恋愛を成り立たせているからだ。

歌舞伎を家族的類似として考えるというのは、決して、「似ている」ものをすべて「歌舞伎」とひとくくりにしようと意図してのことではない。私たちが「歌舞伎のようなもの」と感じている演劇、また「歌舞伎」と自称している演劇を、「本質的に違う」、といって排除したり、そこに「歌舞伎的なるもの」があるのを見損なわないようにするがためなのだ。

◆「歌舞伎」と「シャンパン」の商標登録

松竹歌舞伎が歌舞伎の唯一無二の存在ではない、ということを逆に知らせてくれるのは、松竹株式会社が「歌舞伎」を商標登録している、という、意外な事実だ。他に使われないように、ということは、他に使われかねない、と考えた、ということで、「滝沢歌舞伎」も「歌舞伎」とだけ銘打つと、商標侵害となるので、「滝沢歌舞伎」と名乗っている…、のだろう。もちろんタッキーの名前があるほうがよいとの面もあるが。長谷川一夫が、歌舞伎一門の出身であっても「東宝歌舞伎」と名乗ったのは商標違反の回避からだったかもしれない。

この「歌舞伎」という名乗りの問題は、シャンパンを例にとって考えればよい。「champagne」というのは、フランスのシャンパーニュ地方の発泡酒、と国際的に決められていて、たとえ同じような成分で、同じ味がしても、他の地域や国の製品は「スパークリングワイン」ということになっている。しかし、近年、なかなかおいしい「スパークリングワイン」が生まれているようである。「スパークリングワイン」という、一段低い感じを起こさせる名前ではないブランディング、名前の発明があれば、状況が変わるかもしれない。

「歌舞伎」でいえば、「何々歌舞伎」と言っていると、歌舞伎という権威を利用しながら、その権威の下に、自ら二流の「スパークリングワイン」と認めている感がする。「スーパー歌舞伎」を始めた三代目猿之助も、「歌舞伎」を使ったのは彼自身の歌舞伎との関わりや、いろいろな作戦からだろうが、当代の猿之助はそれをバージョンアップした名として「スーパー歌舞伎Ⅱ（セカンド）」と呼ぶ。さて、これからの歌舞伎の新しい試みが、「カブキ」とするか別の当て字を使うか、もしくはまったく別の、しかしながら歌舞伎との家族的類似は確保できるようなブランド名が発明されるか、ここは面白い。

かくして「何が歌舞伎で、何が歌舞伎ではない？」への答えは、歌舞伎のいくつかの特徴を備えていて、似ているな、と思われたら歌舞伎、特徴がまったくないか、あっても似ていることに意味がなかったら歌舞伎ではない、となる。元より似ているか似ていないか、はかなり主観的で、好き嫌いさえ含む。より客観的であるはずの「歌舞伎のいくつかの特徴」という判断も、専門家ですら異なるだろうから、この「歌舞伎とは何か？」は、「『歌舞伎』のようなもの」としか答えようがない。何でも歌舞伎だ、とは言えない（歌舞伎役者が演じていれば歌舞伎、はダメ）し、歌舞伎座の舞台で演じられている「『歌舞伎』のようなもの」ですら、「歌舞伎ではない！」と叫ぶこともおかしくない、が結論だ。そこに、これからの歌舞伎、だけでなく、これまでの歌舞伎というものにもあった、壊れたり消滅したりしそうでいて、それでも続く破天荒な面白さがある。

【第八幕】

伝統とは何か

なぜ伝統は守らなければならないか？

◇伝統を守る二つの方法——保存と再生

ストレートに書くと、「伝統」は古くからのものだから守らなければならないのではない、いまの文化にとって、いま生きる僕たちに重要だから守るのだ。しかし、なぜ重要なのかを説明できる人は少ない。伝統が続いてほしいという人は大体が途中から口ごもる。伝統を守れ、というのが自分の懐古趣味のように思え、他の皆が「伝統」に振り向かなくなっていくのを、悔しさ半分仕方なさ半分、自分の衰えと共に、「伝統も消えていくのかな」、とつぶやいて終わる。かと思うと、効き目があろうとなかろうと、「伝統を守れ」、と言っていること自体がよさげに聞こえるのを、自分の分け前、取り分にしようとしている文化人もいる。かれらの発言は、伝統の維持には役立たない。

順を追って書こう。文化の「伝統」には、生存、サバイバルの方法として「保存」という道がある。書画や文章、古い建築物や遺跡《いせき》など、いまに残る古き「もの」を、過去を知る手段として保存することには価値がある。それは現在の社会を知るためにも、いま生きる僕たちの過去からの成り立ちを知るためにも、重要な手がかりである。それは出来るなら、なるべく多く保存したい。ただ、道路を作ろうとして遺跡が出てきたりすると、ま、「データ」を保存して、実物をそのまま残すことはあきらめる場合もありますね。

そうした中でも、もちろん、美術骨董の類いは、現在の市場価値もあるし、神社仏閣や遺跡など、観光スポットとして客を集めたりするので、「保存」を訴えなくても、珍重され、問題はない。いや、そこにも、捨てられていく美術工芸品や、忘れられていく遺物もあって、現在の「マーケット」に任せておくと、「過去」は、ゆがんだ取捨選択の下に、ゆがんだ形になってしまうかもしれないという危惧《きぐ》はあるのだが、とりあえず保存される点はよし。

文化伝統の、もう一つのサバイバルの方法は「再生」である。伝統は、実は日々、再生されている。書画や文章、陶磁器や建築など、いま挙げたように古いものは一方に「保存」されながら、他方、新しい創作家によって、新しい作品が作られる。たとえば、書。中国から始まって、いまでも空海《くうかい》の書や江戸時代の良寛《りょうかん》の仮名文字の作品が珍重され、一方、現在、書道家は日本全国にいて、新しい書を発表している。和歌も、万葉、古今の時代から、五七五七七のリズムで詩を作ることが行われていて、それはいまでも愛唱されているが、同時に短歌という呼び名で、いまにその創作が盛んに続いている。

こうして、伝統の守り方、サバイバルの方法には「保存」と「再生」の二つがあり、どのような「伝統」もその二つの方法を混ぜながら生き続けているのが分かるだろう。ここでは歌舞伎について考えるのが趣旨だが、そのためには歌舞伎もその一つである「古典芸能」と呼ばれるパフォーマンス芸術全体を見てみる。それらが保存と再生という二つの方法をどのように使っているか。

日本の各地方の、祭りなどで行われる「民俗芸能」はもっぱら「保存」のほうを旨としているように見える。雅楽《ががく》とか声明《しょうみょう》とかいったジャンルも、中国から伝わった古来の方式が正確に「保存」されていると思われている。その価値も、昔から変わらないところが凄いのだ、とされているようだ。能楽はどうかというと、世阿弥《ぜあみ》が作った謡曲が、いまも彼の書いた「花伝書《かでんしょ》」の精神を引き継いで演じられている。世間ではそう評価されている。これもある時点で、古人の演技演出をそのまま引き継ぐ「保存」を、主たる伝統生存の方法として取ったように見える。

それと比べると歌舞伎は、最近も漫画の「ワンピース」を脚色上演して大当たりを取ったり、「保存」のみならず、「再生」も重要な生存の方法として取っているように思える。歌舞伎は、市場価値のある美術骨董や、観光スポットの神社仏閣のように、いまでも大きな収入も得ることが出来る二十一世紀のエンタメとして、「再生」を行いながら生きているようだ。

では、最近、橋下徹《はしもととおる》元大阪市長が補助金を減額すると言って問題となった「文楽《ぶんらく》」を例に取ろう。文楽も、江戸時代から戦前までは人気の娯楽で、大阪に人形浄瑠璃の小屋がいくつもあった。「文楽」とは、そうした興行主の一人、植村文楽軒が江戸の後期に開いた文楽座という小屋が一世を風靡《ふうび》し、それから「文楽」が人形浄瑠璃の別名となり、いまでは通称となってしまったものである。以前は大きなエンターテイメント分野だったのだ。

その後、人形浄瑠璃の興行は歌舞伎同様、松竹の傘下《さんか》に入り、まぁまぁの公演を続けていたが、芸のレベルはある意味で非常に高くなっていたのに、人気の方はしだいに下火となり、一九六三年、松竹はそれを手放し、大阪府・大阪市、文部省（いまの文部科学省）、NHKの後援で、新たに財団法人文楽協会となったのだ。こんなことを書いたのは、文楽というものを、精妙なる古典芸術であって、日本の誇るべき「遺産」である、といったとらえ方は、いわば上から見たときのもので、横から見れば、世にある娯楽産業の、ここ半世紀人気を失いつつあるジャンルの一つである、との点を指摘したいからだ。

その観点からは、橋下元大阪市長の考えは、もうかるから興行権を買って、もうからないとみてそれを手放した松竹の行動と同じく、合理性がある。いろいろなことに使わねばならない大阪市の予算の中で、観客は入らないし、市民のための金の使い方としてはどんなものだろう、と思ったのだ。

そこで文楽を観てみたら、あまり面白くなかったしね。このエンタメはかなりの一般人（含・橋下氏）には面白くない。それは「再生」がうまくいっていないからだ。だから入りが悪い。市民が行かないものなら市としては金を出さない、と考えた。理が立っている。しかしながらもう一段深く考えたい。

◇「伝統を守らなければならない」第一の理由——感謝と尊敬

第一に、伝統、文楽を守らなければならない理由は、古くから続いてきた文楽には感謝と尊敬が必要であるから。こう書くと道徳のおさらいのようで、気が抜けてしまいそうだが、正しいことはまず言わなければならない。ただ敬意を払うべきなのは、「古さびて」いるからではない。古くからある文楽の技と知恵が、その後のいまに至る日本の芸術、芸能、たとえば、歌謡曲やポップスや、映画や、連続小説や、マンガやファッションに、多大な力を与えているからだ。

この日本列島に突然歌謡曲やマンガが生まれるわけではない。創作家はすべて意識的に、無意識的に前の技と知恵を学んで、または盗んで、いまに生かすのである。あえて言えば、文楽があって、いまの「AKB48」がある。「古典」というものを飛び離れた過去にぽつんと置き去りにされたもののように思っている人、現在見られるとしても、ほこりをかぶっているか、ガラスケースの中にあるかだと考えている人には、文楽があってAKB48がある、なんて言っても通じないだろうがそれが真実だ。

そこを順に説明すれば、昔の文楽とAKB48のあいだに、直行路があるのではない。

その間には、歌舞伎だの、明治の演劇や歌謡曲の発達やタカラヅカやJ－POPなどというさまざまな回路を通って、ＡＫＢに至るのだ。作る立場の人は、日本列島の外の「洋楽」はもちろん、この列島の前の人のものをまねて、あるいは巧みに盗んで作るので、そういうことになる。僕たちは、そうした創作に用いられる過去の業績、すべての成果に敬意、リスペクトを払うべきである。その中でも、文楽の存在は非常に大きいのだ。もちろん、のちに述べる「芸能の生態系」理論からすると、現在の文楽とＡＫＢのあいだに、いまでも直行路を引こうとすれば、引くことができる。やや浅《せん》薄《ぱく》な言葉だが、「コラボ」というやつだ。それは、現代の創造者の能力と努力で伝統がどれだけ「再生」できるかにかかっている。

文楽から直行路を引いて「再生」？　そんなことはあり得ない、そう考えてしまうのは想像力が欠けているからだ。すぐれた才能が何を思いつくのかは誰も、その時までは分からない。蜷川幸雄《にながわゆきお》氏が、歌舞伎を「ニナガワ」流に解釈するまで、現代演劇やシェークスピアと歌舞伎のあいだにどのような直行路が引かれるのか、どのように再生されるのかは、誰も分からなかったのだ。現に、「杉本文楽」とググってもらうと、直行路を引く努力が文楽についても行われていることもあるのだな、と分かる。

冒頭に戻ると、文楽には感謝と尊敬が必要だ、ということである。老人は尊敬しなければいけない、という当たり前のことが、何だか分からなくなっているのは、年取っているからって偉いのか？　と、疑問に思ったあとに、現在の「いま」が老人によって作られ、支えられたものだという事実に思い当たらないからだ。老人は私たちが生きている「いま」を作ったから尊敬すべきなのだ。古い伝統、文楽は、古いから敬意を払うべきなのではなく、いまを作っているから尊敬すべきなのだ。

僕は、それゆえ、文楽は尊敬すべきものなので、そのことだけでも金は出し続けるべきだと思っている。年金同様、誰がどこにどれくらい、は、次の問題としてあるが、前提としては、たとえ、古くてつまらない、と誰もが思うような極端な時代が来ても、文楽が少しの金を出すくらいの尊敬は受けて十分と思っている。

しかし、「次の問題」として、それでは古いものがみな古いからと言って、金よこせと主張したらどうなるんだ、と思うのであれば、僕はその古い中でも文楽は、最も功績があった、と言ってもよいほど尊敬すべき芸能なので、金を出してもよい、と言いたい。ただ、こうした文楽の偉さは、常々説明しておかねばならない。それが足りないまま「古典」だから偉い、だから金を出して続けるべきだ、という話をしても、誰も聞かないだろう。る。ファンとは、とかく、内側だけで互いに「そうそう」と相づちを打ち合う快楽に溺れ状況となる。気づくと、その内側が外に対して排他的にすらなっている状況となる。

一つだけ文楽の価値について言っておこう。僕は、日本列島に存在した日本語を歌詞とした声楽のボーカリストの中で、文楽浄瑠璃の語り手、豊竹古靱太夫《とよたけこうつぼだゆう》（豊竹山城少掾《やましろのしょうじょう》）（一八七八〜一九六七）が古今最上であると思っている。読者のみなさんの中には、そのどうやって読むのか分からない古めかしい名前の人がどうだって？と訝《いぶか》しまれる方もいらっしゃるだろう。江戸時代の声楽家でも、明治以降、今に至るオペラ歌手でも、美空《みそら》ひばりでも、EXILEの誰かでもなく、技倆《ぎりょう》の高さと作品の解釈、表現力において、彼が一番である、とはっきり主張できるのだ。そんなことどうして分かる？

この日本列島の声楽曲の歴史の中で、声楽の技術が次第に複雑に精緻《せいち》になってきて、その語りと歌の中に籠《こ》められた物語の仮構の力が増し、それが義太夫節において究極に達していることはうなずけるだろう。明治以降になると、邦楽と、また外部から来た西洋音楽による歌曲との、それぞれの内部で、またその相互の影響によって、さまざまな日本語による歌曲の再生と創造がなされた。そうした中で、大正、昭和期に活躍した、文楽の浄瑠璃語り、豊竹古靱大夫は、邦楽の中で頭抜《ずぬ》けていることは、当時の評、いまに残るレコードで検証できる。他の日本語の歌謡曲からあらゆる歌まで、彼ほどの技術を聞かせエネルギーを発散する人はいない。それゆえ、この日本列島が生んだ最高のボーカリストは彼だ、と主張出来るのだ。

これはひいきだから言うのではなく、文楽というものが生み出した高さがどれほどかを知っておいてほしいから書いたのである。いまの文楽の浄瑠璃？　それは、彼と比べたら低いです。しかし、それは仕方ない。たぶん今後、「歌謡曲」というジャンルで、美空ひばりに匹敵する歌手は生まれないのと同じで、どのような芸能、芸術のジャンルにも「山」というのがあって、百年に一度だけ達するような高さは、その後なかなか越えられない。

もしいま美空ひばりと同じ才能を持っていたら、歌謡曲に行かず、他のジャンルに進むでしょうし、豊竹古靱大夫が為《な》した研鑽《けんさん》を、二十一世紀に再び果たすに、いまその環境はない。あるジャンルに多くの人材が集まって、そこでライバルとして競い合う、それがないと究極の高さには上れません。そうした希有《けう》な状況と人物がいて、文楽、浄瑠璃という一つの小さな世界に、日本の芸能全体の基点となるような達成が生まれた、そのことだけでも文楽は尊敬される資格があり、守らなければならないのである。

「伝統を守らなければならない」最大の理由

◇芸能の生態系《せいたいけい》・エコロジーの豊かさを持続させる

しかし、古典芸能の伝統を守らなければならないのは、その「いま」を作った過去における活動への敬意としてだけではない。それ以上に、いまこの時代に持っている意味によってである。その意味とは、一つの芸能が死ぬと、他の芸能が弱ってしまうことを指す。文楽が死ねば、アニメが弱る。それは、生態系の中のある種が滅びると、他の種に連鎖して、存続が不安定になるのと同じだ。

この文化の生態系の広がりは、まずは、日本語圏と考えてよい。日本列島の上で、さまざまな芸能が生まれ、時には消える、といった具合に、芸能の生態系すなわち、芸能のエコロジー、大きくは「文化全体の生態系」の、持続と活動が繰り広げられてきたのだ。これだけ繁茂し複雑な多様性を含んだものをよくまぁ作ってきたものだ、と思うし、これは守っていかなければならない。自然の持つ生態系とは違い、元々、神ではなく人が作ったものだから、よく考えれば守る工夫もしやすいし、守れなければ、まったくもって愚か者、となる。

私たちの生活を楽しませてくれる芸能はいつも活発であってほしいと思う。コンサートに出かけたり、歌舞伎を見物したりすることで、日々の暮らしが楽しくなる。世の中がそんな感じになるためには、芸能の生態系・エコロジー全体が持続的で豊かでなければならないのだ。「芸能の生態系」、つまり劇場やテレビや映画やネット、時には小さな神社の境内で行われている、ありとあらゆるジャンルの芸能やエンターテイメントはすべてその中にあって、互いに影響し合っている。その芸能のエコロジーの持つ繁茂と多様性とがあって、新しい、楽しいエンターテイメントが生まれる。その世界の中で、「古典芸能」は、根幹なのだ。その古典芸能は、いまどういう状態なのか。それを説明したあとに、その幹から枝葉にどのような養分が送られているかを実例で説明する。

古典芸能のジャンルとしての能楽、歌舞伎、文楽は、どのように保存、再生が行われているのか。僕がこれまで書いてきたおおよそのところでは、現在のところ、能楽は「保存」、歌舞伎は「再生」、文楽は「再生」から「保存」に移行しつつある、となる。しかしそうやってラベルを貼ると、わかりやすいが、それは表面的な理解である。この三つの芸能のすべてに、保存と再生の二つの方法が同時に使われているのだ。それぞれは、空を飛ぶ彗星《すいせい》のように、その外側は、はっきりとは区切られていないが、さまざまな演者や演目をそのうちに含みながら、「再生」が活発な先端の部分から、過去の定式が習得されている「保存」の尾の部分まで、一かたまりのパフォーマンス活動となっている。

この三つを比較すると、歌舞伎ではまだ「再生」が非常に活発で、文楽ではやや停滞していて、能楽では、すでに確立された芸の体系が高度なレベルで「保存」の営為が行われている、といった違いはある。しかし、能楽でも、昔ながらのやり方を守ることだけに精力が使われているのではない。いま現在も新作は作られ、他の芸術・芸能ジャンルから、新たな影響を受けながら、また影響を与えながら、燃え続け、飛び続けている。そうした保存と再生の二つがいまでも行われていることは、能楽だけでなく、文楽ですら同じで、挑戦は試みられているのだ。

さて、こうした古典芸能という幹から、現在私たちが楽しんでいる芸能、エンターテイメントの枝葉にどのような養分が送られているか、実例を見よう。

◈芸能エコロジーの中の、実例としての「見得《みえ》」

能・文楽までこの本では手が回らないので、歌舞伎の「見得」を取り上げる。動きの中での一瞬の静止だ。感情やドラマが高調してきた時に「強調」として行われる。これは映画のクローズアップという手法に大きな影響を与えた。エイゼンシュタインという映画史の初期の映画監督が、歌舞伎役者の市川左団次《さだんじ》がモスクワで行った公演(一九二八年)で、歌舞伎の「見得」における静止が、映画のクローズアップと同じであることに気づいたというのは有名なエピソードだ。

ただこれだけ取り上げて、歌舞伎も世界に影響を与えた、と自慢そうに語ってもつまらない。歌舞伎は舞台面を、立体的ではなく、見る観客からの二次元画面、絵面として作っている。そこが元来、映画のクローズアップの画面と同じなのだ。このことは、浮世絵を思い起こすとよく分かる。二次元画面に、遠景も近景も落とし込んで楽しむ浮世絵もまた、日本の芸能のエコロジーの中で、歌舞伎の舞台面などと、手を携えて発達したのだ。その浮世絵が海を渡ってヨーロッパに行き、それを手にした十九世紀のヨーロッパの画家たちの画面の構成に強い影響を与えたのは、日本列島から種子が飛んでいったようなものだ。ちなみに、いまのマンガの二次元画面の作り方も、この浮世絵からの流れを引き継いでいるのは、言わずとも知れたことである。

ではこの歌舞伎の「見得」、二次元の静止は、それだけのことか。まず言っておかねばならないのは、動きの中の静止、ということならば、西洋の芸能、バレエなどにも見られる。ある決まりのポーズ、アラベスク、などがある。ただ、歌舞伎の「見得」は、体が技術的に静止するだけでなく、舞台全体の「時間」がそこで止まるという、より強い手法なのだ。

そこが、バレエの本場であるモスクワにいたエイゼンシュタインという映画監督が、近くにあったバレエよりも、日本の歌舞伎に「クローズアップ」の本質を見いだした理由なのだろう。彼は、「カット」と言って場面を切り替える映画と、ツケを打って見得を決め、舞台全体を静止させる歌舞伎とが、本質的に似ていることに気がついたのに違いない、と僕は思う。二次元の静止は、時間の静止でもあるのだ。

こうした身体の静止、時間の静止、三次元空間を二次元に落とし込む、といったことは、いま、エンターテイメントの世界で繁茂しているマンガやアニメにはっきり見られることだ。さて、ここからの説明は難しい。だから歌舞伎や能楽や、古典芸能の過去の功績を尊敬しましょう、と言っているのではないから。そうではなく、現在でも歌舞伎、文楽人形や能楽が強力にそのパフォーマンスを保存しながら再生し続けていることで、いまの芸能の創作家たちは、演劇や映画やアニメ、とまったく異なるジャンルにいながらも、その源流、本物につながることが出来る。そこに古典の「いまこの時代に持っている意味」があるのだ。

しかし、「いまのマンガや演劇にそうした影響があるとしても、それは評論家がそう考えているだけで、マンガ家や小劇場の演出家が、歌舞伎とかいちいち見て影響されたり、気づいたりしているの？」と疑問が出てくるだろう。実は、彼らは嘆かわしい（失礼！）ほど勉強不足で、古典など、何も見ていないかもしれない。しかし、その無知と無自覚の問題に芸能のエコロジーというとらえ方を当てはめると、見えてくるものがある。

「見得」、それは日本列島に住む私たちの体の中に、身体技法として入っている。何も誰もが歌舞伎役者のように見得を切っていると言っているのではない。しかし、習えば、誰でもそれが出来るのだ。見得を切るときの腰の落とし方や、手の張り方、表情の静止、といったことは、それこそ明治の人たちと比べるといまの私たちには、失われているかもしれない。しかしそれでも、いまの私たちの体の中にそれらは備わっているのだ。

家の中では靴を脱いで暮らす私たちは、体とフロア（ゆか）とが親密である。動作空間の上方ではなく、底面の意識が強い。その意識が腰を落とした静止の姿勢をしっかりさせてくれる。それは、小さい時からの習慣で、薄れたとはいえ、この日本列島の人の歩き方にまだ強い影響を与えている。歩行の際に、腰が落ちているのである、良くも悪くも（ファッションショーのランウェイを、上方に浮遊するように歩くには都合悪い）。さらに明確な見得につながる体の使い方は、お辞儀の時の、身体の静止の方法である。動きの中で、折り曲げた姿勢を一瞬、ほんのわずか止める。それなくしては、ペッコリというあいさつになり、あいさつの丁寧さが違うことは日本人なら誰でも分かるだろう。

さて、この「見得」に見られる身体の技術が、可能性として「身についている」ことはさまざまな可能性をもたらす。芸能やエンターテイメントの中で、動きと静止の組み合わせを歌舞伎の見得から意識的に思いつくこともあろうし、無意識的に、本来身についているものの応用として行われることもあるだろう。たとえマンガ家や小劇場の演出家が、直接歌舞伎からヒントを得なくても。

また、動きの中の静止は、どのような身体運動にもあることで、同じ列島のスポーツの中では柔道の技をかける一瞬や相撲の立ち合いに直接表れているが、西洋からの野球でもサッカーでも日本選手が上手《うま》くプレーするときは、そうした日本文化のエコロジーの中の、身体技法を上手く応用したときだろう。すでに成功した例としてフィギュアスケートや体操の着地やラグビーのスクラムを挙げるのは易しい。さらに、こんな応用が、という可能性をあげて、伝統、その中の古典芸能が現在に持っている意味を強調したい。

◇応用の可能性としての「見得」——シンクロからバレエまで

いまの歌舞伎役者、四代目市川猿之助は、見得に独特の切れがある。狐忠信《きつねただのぶ》という役で宙乗りになるのは伯父さんの三代目猿之助譲りだが、二〇一六年、六月に歌舞伎座でそれを演じたとき、宙乗りよりもむしろその前半、狐ではない忠信が、自分に化けた忠信がいると聞き、不審な面持ちで上手に引っ込むところの、その見得が抜群であった。どんな役者でも、わりと見事に演じる、ある意味で、及第点は取りやすい見得だが、刀を手に持ち、わずかに湾曲した裃《かみしも》の、その丸みを柔らかに見せて、沈み込みながら静止する、その時、時間が滲《にじ》んだ。ややオーバーだが、旧式の液晶画面で動きに追いつかず画面が滲んでしまうときがあるが、あのように、残像を引きながら、舞台の上で、思い入れの見得が滲んでから静止した。

その時、僕は、これは、シンクロナイズドスイミングの、水面下から飛び上がった泳者の、姿が一度、空中に止まってから水中に沈む、あの演技を思い出し、これは使えるのではないか、と夢想を始めた。圧倒的に強いロシアのチームは団体の演技で、いかに高く飛び上がるかという点で他国チームを圧倒している。それはバレエの跳躍で、いかに高く、そしてそこに止まるかを競うのと同じである。バレエ、体操、新体操と、いずれの競技でも卓越しているロシアの、十九世紀以来の身体技法がそこにあるといってよい。しかし、それに「日本」が対抗するとどうなるか。歌舞伎の見得は使えるか。

実はすでに、「見得のようなもの」は使っている、泳者たちが飛び込む前に、プールサイドでポーズを取る。しかしそれは、西洋の活人画（たんに情景が人間の静止によって演出される）のように味気なく、バレエのポーズのようではあるが、その素養がない人の腰つき手つきで、見た目がよくない。ひねった手一つとっても、ロシアやスペインの、「西洋人」選手のそれより見劣りする。そこに、猿之助の腰の据わった見得を見せたらどうだろう。おそらく、こうした競技は、西洋から出発して、源流にバレエがある。そうした流れに沿った体の使い方では、日本選手はなかなか太刀打ちできない。男子体操に日本の武道が入り込んでいるように（というのも僕の勝手な判断だが）、このシンクロに見得を入れたらどうだろう。まずはプールサイドでは、「引っ張りの見得」というのが、ぴったりで手頃、まねが出来そうである。しかし、猿之助の見得を見て思ったのはそれ以上だ。

いかに水面から離れて高く飛び上がるかの工夫と同時に、ポーズ（見得）を付けながら、高みから沈んでいくときに、歌舞伎の沈み方を習ったらどうだろう。それは、そうした「振り付け」をしているシンクロのコーチならピンと来るのではないだろうか。すでに、フィギュアスケートの日本の羽生結弦《はにゅうゆづる》選手が、四回転してから着氷するときに、衝撃を吸収するための沈み込みを行いながら、それをむしろ積極的な表現に変えているとき、たとえそれが西洋人コーチの西洋舞踊の示唆によって行われていたとしても、実は、彼の内側の日本列島で育まれた身体技法が発動しているのだ。

すべては僕にはそう見える、ということだが、スポーツ科学で分析すれば、同じ結果が追認されることだろうと思う。西洋人が西洋バレエから演技の身体を作り上げている、と言われれば納得する人が、日本人が日本の古典芸能、あるいは武道まで含んだ芸能のエコロジーの身体技法でオリンピックを戦っている、と言われると、首をかしげそうなのは、ことの真偽《しんぎ》に関わっているのではなく、日本の古典芸能が日本人自身に親しまれていないという、ちょっと嘆かわしい現状の結果なのだと思う。

「見得」だけでこれだけ語ったが、他に、ほとんど何でも、「いまの芸能」に、古典とのつながりを指摘することが出来る。たとえば、テレビのバラエティー番組にあふれている「雛段」（歌舞伎の長唄の雛段）というものがどれくらいユニークなもので、それが日本の芸能の二次元画面の強調とどう関わり、どのようにここ数十年で発達したか、それがどのように、ギリシャの円形劇場の階段客席と違うか、といったこと。いまの芸能が、無意識、半意識で、日本の芸能の生態系の養分をどのように吸い上げているか、は、他にも説明したいが、ここでは一例だけ示した。

猿之助で思い出すことがある。彼がパリで特別のワークショップを行い、パリ国立バレエ団のニコラ・ル・リッシュに、歌舞伎舞踊の「紅葉狩」から、ひとくさりを教えるのを見たことがある。「日本では三回教えたら、それで覚えきらなければいけません」と冗談を交えながらであったが、女方の、肩を引いて、腰を落とした姿勢での足の運びを見ながら、僕が感じたのは、西洋の技法によって身体を作り上げているル・リッシュが、それまで一度もしたことのない動きをしたときの、思いがけない面白さであった。おそらくやっている彼も楽しかったのでは。むろん、そうした異なる生態系の中からも、養分を吸い取ることが出来るル・リッシュの応用力があってのことだったが、歌舞伎の持つ滋養分《じようぶん》の濃さを感じた。

これまで、日本列島の中に話を限定して語ってきたが、日本の古典芸能の持つ力は、他の国の芸能やスポーツにも影響を及ぼすことが出来る。それはすでにそうだったし、今でもそうだし、おそらくこっそりと海外のアーティストは、歌舞伎のさまざまな技法を「盗んで」いるのだ。悲しいかな、日本の若い演劇人が、一番歌舞伎に無知、というか、その効能に気づいていないのではないか。「古典」とか「伝統」という言葉が、彼らを遠ざけてきたのだろう。

歌舞伎が世界の「無形文化遺産」であることは、言葉の上だけではなく、実質的なことだ。世界の文化が歌舞伎を自分たちの遺産として、そこから何かを汲み取れる。そうしたことは、日本が海外の文化から汲み上げるときには、長らく行われてきたことなのだが、不思議にも、足元のことが知られていない。いわゆるアーティストではなく、「文化行政」というものに関わる人たちも、知った振りして、実は、「歌舞伎は一度は見なくちゃ」の一人だったりして。

でも、そんなことが書きたかったのではない。無形文化遺産であってもなくても、巨大な塊《かたまり》、歌舞伎という彗星《すいせい》は、何もしなくても数十年は飛び続けるし、新しい努力が続けば、まだまだ僕らを楽しい目にあわせてくれる。そんな歌舞伎がすぐそこにある。そんな幸せが、この日本という島にはある。それが伝えたかったことだ。

【終幕】歌舞伎の魅力にずぶずぶ溺れてください

僕はこの本を、観客の心と目で書きました。その心から歌舞伎の世界に溺れ込む感覚だけを最上の価値として、その目から見える歌舞伎の世界の、内側の不思議さを解き明かしました。客席からの歌舞伎なので、役者の気持ちや制作する側の思惑などとは別に、あくまで観客の立場から考えました。観客として僕はこれまで歌舞伎をどんなふうに見てきたかを思い返し、そこから、歌舞伎をこんなふうに見てみたらどうだろう、「歌舞伎に行こう!」、と呼びかけたのです。

でも、ただ客席からどのように見るかだけでなく、その劇場に行くにはどうしたらよいのか、という初めから、劇場をあとにしてからどう考える、の終わりまで、かなりしつこく手とり足とり解説しています。ついでに、最後の二幕には、歌舞伎って何なんだ、まで理屈っぽく付け足してしまったのは僕の常の癖で、あくまでこんなに面白いんだから「歌舞伎に行こう！」というところが本筋です。

観客の立場、とわざわざいうのは、歌舞伎の世界では、幕の内側には役者や裏方さん、その外側には制作とか評論家といった人々がいるからです。言ってみれば彼らは歌舞伎のプロです。僕はあくまで観客というアマチュアの視点から、同じような観客に向かってこの本を書こうとしました。それは、僕が役者になるのは論外として、評論家になるにも経験と努力が足りないことを知っているから、でもありますが、あんがい「観客」という、歌舞伎の周辺を取り巻くに過ぎない存在は、歌舞伎を正面からそのままに語るには格好の立ち位置にいるのではないか、と思ったからです。なぜ？それは、僕たち観客は、面白いかつまらないかを究極の基準にして、それも、出した金に見合っているかどうかというこの世のキホンも踏まえつつ、贔屓《ひいき》役者に甘く、かつわがままではあるけれど、「歌舞伎」のしがらみにとらわれていないポジションにいるからです。

さらに、観客というと歌舞伎を外から眺めているだけの受け身の人々のようでいて、芸を精進することに命をかけている役者や、それを論じたりあるいは公演を制作したりする人たち、と同じくらい、歌舞伎を方向付ける力になっていることは、これまでの歌舞伎の歴史で分かります。役者や制作者がどんなに力んでも、結局は客が金払うか否かが、歌舞伎の命運を分けるのです。第一、数で言えば圧倒的多数ですからね。

しかし、多数であることを武器に口幅ったいことを言うのは、贔屓の引き倒しになるので、控えた方がよいでしょう。まずは広い見地からすれば、すべての歌舞伎に関わる人々は、どんなに大勢いる観客でも、どんなに研鑽を積んでいる役者でも、どんなに仕事に身を賭している小屋主でも評論家でも、歌舞伎という大きな運動体の一部であって、誰も、彼らだけで歌舞伎のすべてではないのです。

さらに、「一部」ということでは、だれもが、歌舞伎のこれまでの四百年、そしてこれからも続く長い歴史の中では、時間的にその一部分でしかありません。一世を風《ふう》靡《び》した偉大な役者も、歴史空間を飛んでいる歌舞伎という彗星《すいせい》の、一かけらとして輝いて、燃えて尽きたのです。ましてや、その素晴らしい光芒を見ている方の僕たち観客は、「團菊」を見たと言っても、十一代目団十郎の海老様を覚えていると言っても、その前の役者は目にしていないし、これからどんな鮮烈な役者が現れるかどうかは、知りようもありません。それでもというか、だからというか、僕は、観客というのは、

「いまを知っている」ということを限界にしながらも、その「いまに生まれ合わせた」ことを特権ともして、歌舞伎彗星の一部、その光りの中のひとかけらとして、共に飛んでいるのだ、と思っています。

初めて歌舞伎を知った人は、この本を読んで、ぜひ一度足を踏み入れてください。すでに歌舞伎を知っている人は、「通」や評論家になって歌舞伎の内側に近付くより、あくまで外側にいるプロの観客として、何がよくて何がよくないことを見極める目を養いながら、それでも歌舞伎の魅力にずぶずぶと溺れ、「隣の席の漱石」に「誠実に泣いてたには感心」されたりしましょう。

最初に歌舞伎について書くことを勧めてくださったのは、海竜社の常務の下村俊文さんでした。しかし、それからは私の長い足踏みが続きましたが、常に前方へと導いてくださったのは同社の編集者、藤波定子さんでした。この本は海竜社によって手とり足とりされて出来上ったと言えます。導いてくださったお二人に深く感謝致します。

二〇一六年十一月

船曳建夫

装　訂——三村　淳
イラスト——堀江篤史

◉著者紹介◉

船曳建夫（ふなびき　たけお）

1948年、東京生まれ。

東京大学名誉教授・文化人類学者。

フィールドワークをメラネシア（バヌアツ、パプアニューギニア）、ポリネシア（ハワイ、タヒチ）、日本（山形県）、東アジア（中国、韓国）で行う。その他にも世界各所を探訪している。

専門の関心は、人間の自然性と文化性、儀礼と演劇の表現と仕組み、「日本」とはなにか。

「アーツカウンシル東京」で東京の芸術文化創造に参画。

編著書に、『国民文化が生れる時』（リブロポート）、『知の技法』（東京大学出版会）、『柳田国男』（筑摩書房）、『「日本人論」再考』（講談社学術文庫）、『右であれ左であれ、わが祖国日本』（PHP研究所）、「LIVING FIELD」（東京大学総合研究博物館）、『旅する知』（海竜社）などがある。ウェブサイト「Time Out Tokyo」にコラム「東京を創訳する」を連載中。


歌舞伎に行こう！

手とり足とり、初めから

二〇一七年一月十五日　第一刷発行

著　者＝船曳《ふなびき》建夫《たけお》
発行者＝下村のぶ子
発行所＝株式会社　海竜社
東京都中央区明石町十一の十五　〒一〇四―〇〇四四
電　話　（〇三）三五四二―九六七一（代表）
FAX　（〇三）三五四一―五四八四
郵便振替口座＝〇〇一一〇―九―四四八八六
ホームページ＝http://www.kairyusha.co.jp
本文組版＝株式会社盈進社
印刷・製本所＝半七写真印刷工業株式会社

ISBN978-4-7593-1520-2　C0095